Christel Petitco

Mein Kind denkt und fühlt zu viel

Christel Petitcollin

Mein Kind denkt und fühlt zu viel

Wie geforderte Eltern ihre Kinder bedürfnisorientiert und achtsam begleiten

mvgverlag

Bibliografische Information der Deutschen Nationalbibliothek
Die Deutsche Nationalbibliothek verzeichnet diese Publikation in der Deutschen Nationalbibliografie.
Detaillierte bibliografische Daten sind im Internet über http://d-nb.de abrufbar.

Für Fragen und Anregungen
info@mvg-verlag.de

1. Auflage 2020

Nymphenburger Straße 86
D-80636 München
Tel.: 089 651285-0
Fax: 089 652096

Die französische Originalausgabe erschien 2019 bei Guy Trédaniel Éditeur unter dem Titel *Mon enfant pense trop*.

Übersetzung: Nadine Lipp
Redaktion: Dr. Caroline Draeger
Umschlaggestaltung: Karina Braun
Umschlagabbildung: shutterstock.com/Ann in the uk; shutterstock.com/Giamportone
Satz: ZeroSoft, Timisoara
Druck: CPI books GmbH, Leck
Printed in Germany

ISBN Print 978-3- 7474-0205-4
ISBN E-Book (PDF) 978-3-96121-562-1
ISBN E-Book (EPUB, Mobi) 978-3-96121-563-8

Inhalt

Einleitung ... **9**

Kapitel 1
Schubladendenken ... **17**
- Autismus ... 19
- High Functioning ... 20
- ADHS ... 23
- Dysfunktionen ... 28

Kapitel 2
Eine außergewöhnliche Sensibilität ... **35**
- Hochsensibilität ... 35
- Körperpflege ... 39
- Ernährung ... 40
- Schlaf ... 41
- Motorische Fähigkeiten ... 42
- Latente Hemmung ... 44
- Synästhesie ... 48
- Intensität ... 50
- Empfindlichkeit ... 51
- Paranoia ... 52

Kapitel 3
Emotionale Stürme ... **56**
- Hyperemotionalität ... 56
- Traurigkeit und Depression ... 58
- Angst ... 59
- Wut ... 61

Schuld ... 62
Scham ... 63
Frust ... 64
Freude ... 64
Hyperaffektivität ... 65
Hyperempathie ... 66
Mäanderndes Denken ... 70

Kapitel 4
Aus der Praxis ... 75
Ein Workshop mit »hyperaktiven« Kindern ... 75
Aus der eigenen Coaching-Praxis ... 82

Kapitel 5
Die Kunst der Offenbarung ... 88
Mental hocheffizienten Kindern ihr Anderssein erklären ... 89

Kapitel 6
Die Gefahren des falschen Selbst ... 95
»Du bist nicht genug« ... 95
Wenn das Leugnen zum Problem wird ... 96
10 – 20 Jahre Psychotherapie sparen ... 98
Von der Überanpassung zum falschen Selbst ... 101
Schluss mit der Überanpassung ... 105

Kapitel 7
Ein solider Rahmen ... 113
Ein Erwachsener an seinem Platz und in seiner Rolle ... 113
Klare und verbalisierte Anweisungen ... 118
Das Verhältnis zur Autorität ... 120
Selbstwertgefühl ... 123
Zeit und Raum strukturieren ... 124

Kapitel 8
Die Angst vor der Leere 127
Abgrundtiefe Langeweile.......................... 127
Unersättliche Neugierde 130
Meditation und Entspannungsübungen für Kinder?.... 134

Kapitel 9
Instinktive Spiritualität 137
Das Bewusstsein der eigenen Sterblichkeit 138
Botschafter übernatürlicher Wesen und Schamanen
in kurzen Hosen 140
Vom Perfektionismus zur Exzellenz.................. 144
Geduld und Ausdauer 149
Ein Wertesystem, das aus Absolutheiten besteht 150
Die Sinnsuche berücksichtigen, das Leben
entdramatisieren.......................... 156

Kapitel 10
Soziale Regeln 158
Verstehen, um sich anzupassen 160
Soziale Codes 162
Mit anderen Menschen zurechtkommen 165
Sozialkompetenzen.......................... 168
Manipulative Erwachsene.......................... 170
Durchsetzungsvermögen 172
Umgang mit Konflikten.......................... 173
Eine Seelenfamilie 175

Kapitel 11
Tipps und Tricks für die Schule 177
Vom großen Ganzen ins Detail 177
Bedürfnis nach Sinnhaftigkeit 178
Spannende Inhalte 181

Bedürfnis nach emotionaler Bindung 182
Zurück zum Offensichtlichen 184
Schulanweisungen entziffern 186
Seinen Denkprozess erklären können 188
Schreiben 190
Den Anweisungen genau folgen 191
Besser punkten können 192
Was heißt arbeiten? 193
Konzentriert bleiben 197
Mnemotechnik 199

Kapitel 12
Schulphobie 201
Sinnhaftigkeit wiederherstellen 203
Druck herausnehmen 205
Die Beziehung Eltern – Lehrer verbessern 207

Kapitel 13
Mobbing in der Schule 210
Die Schule ist verantwortlich, trägt aber keine Schuld . . 211
Der einsame Mobber 212
Mobbing als Gruppenphänomen 214
Cybermobbing 216
Was man auf keinen Fall tun sollte 218
Wie sich eine Gruppe positiv kontrollieren lässt 224
Universelle Verbote aufrechterhalten. 225
Null Toleranz 227
Auf wem wird ab der Grundschule rumgehackt? 227
Anzeichen, die nicht trügen 229

Schluss 231

Bibliografie 234

Einleitung

Ich habe lange gezögert, bis ich mich dazu entschlossen habe, dieses Buch zu schreiben. Denn ich ging davon aus, in meinen Büchern *Ich denke zu viel* und *Je pense mieux* ausreichend Informationen zusammengestellt und die Grundlagen so dargestellt zu haben, dass die Leserinnen und Leser gut nachvollziehen können, wie das mental hocheffiziente Gehirn funktioniert. Ich dachte auch, das Buch *Ich denke zu viel* sei einfach und konkret genug verfasst, sodass auch eine junge Leserschaft es verstehen kann. Damit lag ich nicht falsch, denn einige meiner Leser sind erst 13 Jahre alt. Sie konnten das Buch problemlos lesen und darin die Informationen finden, die sie brauchten, um sich selbst besser zu verstehen. Bei jüngeren Kindern rate ich den Eltern immer, vom Inhalt des Buches auszugehen und ihnen mündlich zu erklären, inwiefern sie anders sind. Wer es gemacht hat, konnte davon profitieren.

Durch Leserbriefe, Kommentare nach Vorträgen und das Feedback meiner Klienten habe ich jedoch gemerkt, dass einige Betroffene nicht lockerlassen. Viele haben mir gesagt oder geschrieben: »Ich erkenne mich in Ihrem Buch wieder, und das tut mir gut. Aber ich erkenne auch meine Kinder wieder, und ich mache mir Sorgen um sie. Ich habe in meiner eigenen Kindheit stark unter diesem Anderssein gelitten und möchte nicht, dass sie das Gleiche durchmachen. Bitte helfen Sie uns!« So reifte allmählich die Idee, dass Eltern tatsächlich mehr Hilfe brauchen, um mit einem mental hocheffizienten Kind umzugehen. In der Zwischenzeit hatte ich bei der Arbeit mit diesen Kindern und ihren Eltern einige Schlüsselerlebnisse, und mir wurde klar, dass es sich lohnt, das Erlebte mit meinen Leserinnen und Lesern zu teilen. Denn bei bestimmten Aspekten im Leben dieser Kinder muss man tatsächlich genauer hinsehen, vor allem, wenn es um Schule, Sozialisation, Hochsensibilität und das Nichteinhalten von Verhaltensregeln geht.

Und dann habe ich diese Mail von Loïc erhalten, die mich sehr bewegt hat:

> *(…) Aber bei alldem geht es nur um mich, und ich will mich eigentlich nicht mit meinen Problemen befassen, sondern mit denen meines 14-jährigen Sohns, der genau das durchmacht, was ich durchgemacht habe. Ich kenne dieses Leid nur zu gut, und mir ist inzwischen bewusst, dass ich nicht weiß, wie ich ihm helfen soll, aus dem einfachen Grund, weil ich selbst als Kind diese Hilfe nie erhalten habe. Vielleicht war das falsch, aber ich habe meinem Sohn einen Absatz aus Ihrem Buch vorgelesen:*
>
> *»Auch wenn Eltern ihr Kind aufrichtig lieben, wird es sie irgendwann überfordern, denn manchmal ist es ein ›zu viel‹. Es ist zu sensibel und zu emotional, es wurde zu sehr verhätschelt und total überbehütet. Oder aber es hat zu schwache Nerven! Es ist zu empfindlich, es klebt zu sehr an einem, es hängt immer am Rockzipfel seiner Mutter! Es stellt zu viele Fragen. Anschließend wird man ihm vorwerfen, zu frech zu sein, die Grenzen zu testen, die Erwachsenen ans Limit zu treiben. Im Kindergarten und auch in der Grundschule addiert sich dann die Meinung des Rests der Gesellschaft noch zu dem, was die Familie immer schon gesagt hat. Es kann nicht stillsitzen. Es kann sich nicht konzentrieren. Es versteht die Vorschriften nicht. Seine Mitschüler lehnen es ab, lachen es*

und seine seltsamen Ideen aus. Wie soll man in einem solch verpesteten Umfeld das eigene Selbstwertgefühl stärken? Die Katze beißt sich endgültig in den Schwanz, wenn man dem Kind zusätzlich vorwirft, ein so schwaches Selbstwertgefühl zu haben!«

Während ich vorlas, brach mein Sohn in Tränen aus, er konnte sich kaum beruhigen. Dann sagte er über seine Klassenkameraden: »Warum schaffen es diese Idioten, Freundschaften zu knüpfen, und ich nicht?« Das klang weniger wie eine Frage und mehr wie eine Tatsache und hat mir einen solchen Stich versetzt, weil es mich dermaßen an meine Kindheit erinnert hat. Genau dieselben verletzenden Sätze habe ich selbst einmal gesagt. Mit seiner Mutter versteht er sich nicht wirklich gut (eine »Norm-Denkerin«, wenn ich Ihren Begriff aufgreifen darf; wir haben uns getrennt), er erträgt es nicht mehr, dass sie ihm wegen der schwankenden Schulleistungen ständig Vorwürfe macht. Am Allerschlimmsten ist aber, dass mir bewusst geworden ist, dass auch ich angefangen habe, mich ihm gegenüber so zu verhalten. Allerdings tue ich das wohl aus anderen Gründen. Gestern, als ich Ihr Buch beendet habe, ist mir klar geworden, dass ich ihm diese Vorwürfe mache, weil ich selbst sie mein Leben lang zu hören bekommen habe und weil ich nichts anderes kenne.

Seit einigen Jahren, im Grunde seit er in der weiterführenden Schule ist, bin auch ich auf emotionale Distanz zu ihm gegangen. Ich schaffe es nicht mehr, mit ihm zu knuddeln, und ich fühle mich richtig schlecht dabei, weil er sich so offensichtlich danach sehnt. Jetzt habe ich den Grund begriffen: Er macht mir Angst. Ich habe Angst, durch ihn all das Leid noch einmal zu erleben, das mir so vertraut ist. Ich muss nur daran denken, dann wird mir schwindlig. Ich habe das Gefühl, ich bin dessen nicht würdig, ein Vater zu sein, miserabel wie ich bin, während er mir weiterhin bestätigt, dass er mich liebt und mich toll findet. Ich verdiene das nicht. Aber was soll ich tun? Dieses Gefühl der Machtlosigkeit macht mir sehr zu schaffen, denn normalerweise finde ich immer Lösungen für (fast) alles. Warum bin ich nicht in der Lage, ihm den Halt zu geben, den er so sehr braucht, wo ich doch weiß, was er durchmacht? Ich würde Ihnen gerne alles anvertrauen, was mir durch den Kopf geht, aber ich bin wie blockiert. Je mehr ich suche, desto weniger finde ich die Worte. Ich weiß, dass Sie nicht allen Leuten antworten können, die Ihnen schreiben, Sie können auch nicht allen helfen (obwohl Sie das mit Ihrem Buch bereits getan haben) und ich bin nur einer unter vielen, aber könnten Sie mir wenigstens jemanden empfehlen, der oder die mich im Umgang mit meinem Kind anleiten kann?

Ich habe Loïc geantwortet.

Seine zweite Mail hat mich endgültig davon überzeugt, dass ich mich erneut ans Schreiben machen muss.

Liebe Christel,
ich bin so unglaublich froh, dass Sie mir geantwortet haben. Ich habe zunächst auf dem Handy gesehen, dass sie mir geschrieben haben, und habe mich bereits beim Anblick Ihres Namens auf dem Display riesig gefreut. Dass Sie sich die Mühe gemacht haben, auf meine Probleme einzugehen, hat mir unendlich gut getan, denn ich habe Ihre Antwort ungeduldig erwartet. Dann hat mich der Zweifel gepackt: »Und wenn sie mir nur schreibt, um sich für meine Nachricht zu bedanken, einfach ein paar Worte, nichts weiter? Hat sie die Geduld

gehabt, meine Nachricht zu Ende zu lesen? Usw.« Nie hätte ich mir vorgestellt, dass Sie mir diese Ehre zuteilwerden lassen und mich fragen, ob Sie meine Mail in Ihrem nächsten Buch veröffentlichen dürfen! Ich danke Ihnen. Endlich fühle ich, dass mein Ringen um Besserung tatsächlich zu etwas nutze ist, weil ich Ihnen helfen kann, anderen zu helfen. Also JA, ich bin damit einverstanden, dass Sie meine Mail verwenden. Zu Ihrem neuen Buch habe ich mich gefragt: »Wird es darin auch um den Umgang von Norm-Denker-Eltern mit mental hocheffizienten Kindern gehen? Wird es auch um mental hocheffiziente Eltern gehen? Und um ein gemischtes Elternpaar?« Bei meinem Sohn ist das Elternpaar nämlich gemischt, aber es kommt noch das Problem der Trennung hinzu. Wie bespricht ein mental hocheffizienter Vater das Thema am besten mit seiner Ex-Partnerin, wenn er nicht das Sorgerecht hat? Wollte ich es heute angehen, wäre das eine harte Nuss. Meine Ex-Frau ist bei Erziehungsfragen sehr verschlossen und per se ein solch skeptischer Mensch, daher wäre es ausgesprochen kompliziert, sie davon zu überzeugen, dass unser Sohn tatsächlich mental hocheffizient ist. Mit ihr über infrage kommende nicht konventionelle Methoden zu sprechen, wäre quasi unmöglich.

Loïc hat recht. In diesem neuen Buch muss ich auf alle Punkte eingehen, die einem Erwachsenen helfen können – Eltern und Lehrern, Norm-Denkern und mental Hocheffizienten –, damit sie die Kinder besser verstehen und ihnen die Schlüssel zur persönlichen Entfaltung in die Hand geben können.

Ich habe sehr lange über diesem Buchprojekt gebrütet. Loïcs Sohn muss in der Zwischenzeit längst groß geworden sein.

Aber ich habe großen Respekt davor, dieses Buch zu schreiben. Es gibt so viel zu sagen zu diesem Thema … Und wenn es um Kinder geht, ist jedes kleine Detail wichtig. Da ich die mental Hocheffizienten gut kenne, weiß ich jetzt schon, dass mein Buch zunächst ihren Wissensdurst stillen wird, dann aber wird bestimmt rasch eine Lawine von zusätzlichen Fragen in Gang gesetzt.

Ich habe auch deshalb großen Respekt, weil es in diesem Buch um viel Leid gehen wird:

- um das Leid des mental hocheffizienten Kindes in einem Umfeld, das ihm nicht zugewandt ist, wo es sich häufig allein und unverstanden fühlt und wahrscheinlich gehänselt wird,
- um das Leid der mental hocheffizienten Eltern, die mit ihrer Unfähigkeit konfrontiert werden, ihr Kind vor einem System zu schützen, in dem sie selbst gelitten haben; die mit der Verweigerung und/oder der Feindseligkeit von Gesprächspartnern konfrontiert werden bei dem Versuch zu erklären, wie ihr Kind ist,
- um das Leid der Norm-Denker-Eltern, die von diesem Kind, das sie nicht verstehen, ungemein verunsichert sind,
- um das Leid der Lehrerinnen, die gefangen sind zwischen der hierarchischen Struktur, den aufgezwungenen Lehrplänen, den Eltern der Mitschüler und der Geringschätzung ihres Berufs,
- um das Leid der Norm-Denker-Lehrer, die mit Schülern konfrontiert sind, die sie nicht verstehen und die ihnen eine Menge Ärger machen,
- um das Leid der mental hocheffizienten Lehrer, die sich eingezwängt fühlen in eine veraltete, angestaubte Institution und die zusätzlich das Leid ihrer Schüler nachempfinden müssen.

Die Aufgabe ist also riesig. Und es war wieder eine Mail, die mich motiviert hat, endlich loszulegen. Diesmal war es die Mail einer Lehrerin, die zu einem meiner Vorträge gekommen war. Ich bin ihr sehr dankbar, dass sie sich die Zeit genommen hat, mir zuzuhören und mir genau das zu schreiben, was ich lesen musste, um mich in die Arbeit zu stürzen.

Liebe Christel Petitcollin,
vielen Dank, dass Sie mir die Augen geöffnet haben. Ich habe ein frühreifes Kind in meiner Klasse. Das ist mir aber erst gestern Abend während Ihres Vortrags aufgefallen. Ich habe dieses Kind bisher als »anstrengend« und »störend« empfunden. Ich dachte: »Mist, ich werde ihn im nächsten Jahr noch unterrichten müssen.« (Ich arbeite in einer kleinen Schule mit zwei Jahrgängen pro Klasse.) Nun denke ich aber, dass ich fünf Monate dieses Jahres verloren habe und mir nur noch fünf Monate bleiben, um mit ihm zu arbeiten, und dass »ich ihn zum Glück auch im nächsten Jahr unterrichte!«

Ich bin Ihnen wirklich sehr dankbar.

Der Abend hat mir auch in Bezug auf die Eltern der Schüler im Allgemeinen die Augen geöffnet. Bisher habe ich wie viele Lehrerinnen leider dazu geneigt, ihnen mit Vorurteilen zu begegnen. Nach Ihrem Vortrag sehe ich vor allem verunsicherte Eltern, die einfach nur wollen, dass mit ihrem Kind alles gut läuft (sowohl in der Schule als auch zu Hause, wo es oft schwierig ist). Ich habe Eltern getroffen, die denken, verstanden zu haben, wie ihr Kind funktioniert, die sich wünschen, dass die Lehrer ihr Kind auch verstehen. Sie wissen aber nicht, wie sie uns darauf ansprechen und was sie sagen sollen … (und wir wissen immer noch nicht, wie wir damit umgehen sollen …).

Das Bild mit dem Rohr und dem Trichter hat mir sehr gut gefallen.

Die »Rohre« (die Norm-Denker) und die »Trichter« (die mental Hocheffizienten) können sich nicht verstehen, wenn man ihnen nicht erklärt, dass ihre Gehirne unterschiedlich funktionieren. Ich denke, das wird mir helfen, zu verstehen, was dieses Kind und wahrscheinlich auch andere Kinder in meiner Klasse und in der Schule durchmachen.

Es muss nur noch umgesetzt werden ...

Nochmals vielen Dank und viel Erfolg.

Vielen Dank, Madame! Ihre E-Mail hat mich optimistisch gestimmt und mich an mein Motto erinnert: »Es gibt keine Probleme, nur Lösungen!« Also los, packen wir es gemeinsam an, und erkunden wir all diese Lösungen.

Kapitel I
Schubladendenken

Von allen Diagnosen ist die Normalität die gravierendste, denn sie ist ohne Hoffnung.

Jacques Lacan

Eltern von atypischen Kindern sind mit vielen Problemen konfrontiert: Das Kind ist hochsensibel und sehr empfindlich. Es schläft wenig, bewegt sich entweder sehr viel oder bleibt stundenlang in seiner Ecke sitzen und ist in irgendwas vertieft. Es hat immer wieder überraschende Blockaden und plötzliche, nicht nachvollziehbare Wutanfälle. Es ist grundsätzlich lieb, aber es ist weit davon entfernt, folgsam zu sein. Die Fragen, die es stellt, zeugen von einer erstaunlichen Reife, aber in bestimmten Kontexten wirkt es sehr kindlich. Es ist ängstlich, mag keine Veränderungen, fordert viel Aufmerksamkeit und viele Erklärungen ein. Das Umfeld hält den Eltern, wenn sie Schwierigkeiten haben, gern vor, sie würden ihr Kind schlecht erziehen. Bei der Einschulung wird es noch komplizierter. Das Kind hält sich nicht an die Regeln, bleibt nicht still sitzen und nimmt die Lehrkraft in Beschlag. Im Pausenhof versteht es sich nicht mit den anderen und wird oft gehänselt. Nun ist es die Schule, die die Eltern mit dem Vorwurf konfrontiert, sie seien zu lasch.

Ungefähr in dieser Zeit fangen die Eltern an, nach Hilfe zu suchen: in der Schule, bei Ärzten und Kindertherapeuten. Das ist auch der Zeitpunkt, an dem sich langsam alles ins Negative wendet. In dieser Welt der Norm-Denker, die ihre Normalität als Lebensideal zementieren, läuft das Anderssein darauf hinaus, dass man als beeinträchtigt, krank und dysfunktional abgestempelt wird. Damit einher geht, dass man behandelt und umerzogen werden soll. Zur Wahl bleibt nur, in welche Schublade man dieses lebensfrohe Kind am Ende steckt.

Bruno Humbeeck,[1] ein belgischer Psychologe und Familienpädagoge, macht sich über diesen Trend zur Diagnose lustig, indem er schreibt, das bei seinem Sohn alle möglichen und unmöglichen Störungen diagnostiziert wurden – von einer Koordinationsstörung über eine Aufmerksamkeitsdefizitstörung bis zu allen »Dys-Störungen«, also Dyskalkulie, Dyspraxie und Dyslexie. Humbeeck lehnt sich gegen die Einmischung der Medizin ins schulische Lernen auf: »Der medizinische Jargon kann eine pädagogische Problematik oft nur unzureichend beschreiben, weil er aus einer meist vorübergehenden Schwierigkeit eine Krankheit macht, die außerhalb des Zuständigkeitsbereichs der Medizin liegt. Die Pädagogen diagnostizieren auch keine Grippe, Röteln oder Krebs ... Was haben dann Ärzte, insbesondere Kinderärzte, im Bereich des schulischen Lernens verloren? Indem sie die Kinder in Schubladen packen, sorgen sie für Unruhe, und die Schubladen – ›schwacher Lerner‹, ›unbelehrbar‹ oder ›schwer erziehbar‹ –, sind oft sehr starker Tobak.«

Wollen Eltern jedoch Hilfe bekommen, bleibt ihnen gegenwärtig nur, ihr Kind diagnostizieren und somit in eine Schublade stecken zu lassen. Hernach werden sie viel Mühe darauf verwenden müssen, den verschiedenen mit dem Kind Befassten zu

1 Bruno Humbeek ist der Autor des Buches *Aider son enfant à bien vivre l'école,* Éditions Leduc.s 2018.

erklären, dass ihr Kind zwar anders, aber trotz der Schublade, in die es gesteckt wurde, nicht in irgendeiner Weise mangelhaft ist; dass es zwar Hilfe braucht, aber nicht eingewiesen oder medikamentös behandelt werden muss.

Zum Glück wird immer mehr über diese Kinder und ihre Besonderheiten gesprochen, und ihre Problematik wird dadurch bekannter. Auch verteidigen die mental Hocheffizienten mittlerweile verstärkt ihr Recht, anders zu sein. Die Gesellschaft versteht allmählich, dass ein neurologisch atypisches Kind weder verrückt noch schlecht erzogen ist. Aber es gibt noch viel zu tun.

Im Folgenden liste ich Ihnen die Schubladen auf, die Ihnen die Norm-Denker-Welt vorschlägt, wenn Sie ein Kind mit einem mäandernden Gehirn haben. Sie bringen so viele Nachteile mit sich, dass ich Sie auffordern möchte, sehr bedacht mit diesen Diagnosen umzugehen.

Autismus

> *Der Sprache Molières fehlt es an Worten zur Beschreibung der Organisationen, Verbände, Kongresse, Scharlatane und Tartüffe, die daran arbeiten, uns zu eingebildeten Kranken zu machen, indem sie sich verpflichten, den »Autismus zu heilen«.*
>
> *Hugo Horiot*

Vor zehn Jahren wurde bei einem von 100 Neugeborenen Autismus diagnostiziert; vor fünf Jahren war es einer von 50. Das sind in Frankreich etwa 8000 neue Fälle pro Jahr. Weil man immer noch nicht viel darüber weiß, macht die Diagnose Angst und transportiert viele Klischees. Dabei ist Autismus immer noch sehr schwer zu diagnostizieren, aber das ist fast besser so, denn viel zu oft wird er dargestellt als eine Geisteskrankheit, die behandelt werden muss. Autismus ist keine geistige Behinderung, die betroffenen Kinder sind einfach nur anders. Aus den Vereinigten Staaten und Kanada stammt eine Bewegung, die diese Annahme unterstützt und sich für »Neurodiversität« einsetzt. Zum Glück beginnen auch die Autisten selbst, ihre andersartige Intelligenz im Namen dieser Biodiversität zu reklamieren und sich gegen die unwürdige Art und Weise zu wehren, wie sie behandelt werden. Die außergewöhnlichen Fähigkeiten autistischer Menschen haben das Interesse der Industrie geweckt, die diese Goldmine schürfen will. Aber wir hinken in Europa im Verständnis, in der Unterstützung und Diagnose von Autismus noch immer stark hinterher. Bis sich unsere Einstellung ändert, bleibt es die schlimmste Schublade, in die man ein neurologisch atypisches Kind stecken kann.

High Functioning

Dieses Konzept wird in Unterkategorien unterteilt.

Frühreif. Fachleute haben diesen Begriff erfunden, weil sie nicht verstehen konnten, wie ein Kind so reif sein kann und gleichzeitig so hochsensibel und empfindlich. Der Begriff »frühreif« ist jedoch besonders irreführend, da er impliziert, dass diese Kinder intellektuell weit voraus sind, während sie emotional und affektiv zurückliegen. Es geht aber nicht darum, mehr oder weniger zu sein als die anderen, sondern um eine radikal andere Art, zu funktionieren. Außerdem:

Warum sollten Hochsensibilität und Emotionalität als affektiv unreif gelten?

Hochbegabt. Dieser Begriff ist der am wenigsten stigmatisierende der Kategorienliste. Die Diagnose erfolgt anhand von IQ-Tests. Es ist im Moment praktisch der einzige Weg, um deutlich zu machen, wie Ihr Kind ist, ohne dass es so aussieht, als sei es von einer psychiatrischen Erkrankung oder Behinderung betroffen. Leider gibt es immer noch zu viele Lehrer, die nicht ausreichend darin geschult sind, ohne Berührungsangst mit dieser »Hochbegabung« umzugehen. In vielen Fällen ändern die IQ-Tests nichts an den Schulmaßnahmen. Sie können sogar dazu führen, dass es noch schlimmer wird. Manche Lehrer denken immer noch: »Wenn dieses Kind hochbegabt ist, fällt ihm das Lernen leicht, also muss es gute Noten haben. Wenn es keine guten Noten hat, liegt es daran, dass es nicht lernt.« QED!

Auch wenn sie einerseits nützlich sind, weisen die IQ-Tests eine Reihe von Nachteilen auf: Sie sind sehr kostspielig, nicht unbedingt zuverlässig und können sogar fragwürdig sein. Da sie absichtlich so kalibriert sind, dass nur zwei Prozent der Bevölkerung als hochbegabt durchgehen, erfüllen viele neurologisch atypische Kinder die Kriterien nicht. In meinem Buch *Ich denke zu viel* widme ich den IQ-Tests ein ganzes Kapitel. Wenn Sie sich in dieses Thema vertiefend einlesen möchten, kann ich Ihnen die Lektüre empfehlen.

High Functioning (hochfunktionaler Autismus). Diese Bezeichnung wird immer häufiger verwendet als Ersatz für »frühreif« und »hochbegabt«. Dabei wird unterteilt in emotionalen und intellektuellen hochfunktionalen Autismus. Fanny Nusbaum, Neuropsychologin und Leiterin des Zentrums Psyrene in Lyon, spezialisiert im Bereich des hochfunktionalen Autismus, schlägt eine zusätzliche Differenzierung vor: »komplexer hochfunktionaler Autismus« und »laminarer hochfunktionaler Autismus«. Beide Formen weisen intellektuelle Fähigkeiten auf hohem Niveau auf. Beim komplexen hochfunktionalen Autismus zeigen sich ziemlich heterogene Fähigkeiten. Die Betroffenen sind kreativer, visionärer, aber auch anfälliger für Schwierigkeiten beim Lernen und im sozialen Miteinander; sie neigen zu Dyslexie und Dyspraxie. Beim laminaren hochfunktionalen Autismus zeigen sich ziemlich homogene Fähigkeiten. Die Betroffenen sind stärker und anpassungsfähiger, aber auch anfälliger für Leistungsangst, Überlastung und für ein bestimmtes Suchtverhalten in den Teenagerjahren.

Fanny Nusbaum liegt mit dieser Unterscheidung richtig, denn unter dem Begriff »hochfunktionaler Autismus« wurden bisher zwei Gruppen miteinander vermischt, die radikal unterschiedliche neurologische Funktionen aufweisen. Diese Verwirrung erklärt sicherlich die Diskrepanzen, die man in den Begabtenforen finden kann. Einige der hochfunktionalen Autisten (die Laminaren) sind stolz auf ihren »Titel« und ihren IQ und neigen dazu, Kinder mit anderen autistischen Formen zu verachten und auszuschließen. Man müsste ihnen sagen, dass ihr IQ-Wert kein Diplom ist. Auf der anderen Seite gibt es viele hochfunktionale Autisten (die Komplexen), die diese Bezeichnung nicht annehmen und die sich weigern, sich in dieser »prätentiösen« Bezeichnung wiederzuerkennen. Hinzu kommen die Manipulatoren, die die Situation ausnutzen wollen. Sie geben sich als hochbegabt aus und behaupten, sie hätten eine hohe Punktzahl beim IQ-Test erlangt, obwohl sie ihn zumeist gar nicht gemacht haben. Es ist heutzutage nicht mehr besonders attraktiv, hochfunktionaler Autist oder hochbegabt zu sein.

Es gibt seltsame und amüsante Zufälle im Leben. Während ich diese Zeilen schreibe, erhalte ich die dazu passende Nachricht:

Hallo Christel,
ich hoffe, es geht dir gut. Ich wollte mich mit dir über ein Thema austauschen: Was denkst du über diese Mode mit diesen Hochfunktionaler-Autismus-Tests? Als ich meine Ausbildung abgeschlossen habe, traf ich auf Menschen, die diese Tests gemacht hatten und die wie hochfunktionale Autisten wirkten, aber ich habe das Gefühl, für sie drehte sich alles um diese berühmten Tests, um ihren IQ ... Sie haben einige interessante Dinge zu sagen, aber, na ja, ansonsten finde ich es peinlich, was sie von sich gaben: ›Seit ich entdeckt habe, dass ich ein hochfunktionaler Autist bin, hat sich mein Leben verändert. Wir sind nur zwei Prozent, die einen so hohen IQ haben ...‹ Sie haben Seiten, die den Zebras ähneln, und andere, bei denen es mich ärgert, dass sie sich in eine Schublade stecken. Ich weiß nicht, ob ich mich klar genug ausdrücke ... Zusammengefasst: Gibt es zwei Arten von Zebras?
Liebe Grüße

Obwohl es die am wenigsten pathologisierende Schublade ist, definiert eine Hochbegabung nicht zuverlässig ein Anderssein. Aber die anderen Bezeichnungen sind kaum befriedigender.

ADHS

Die Initialen ADHS stehen für »Aufmerksamkeitsdefizitstörung mit oder ohne Hyperaktivität«. Es gibt immer mehr Stimmen auf der ganzen Welt, die behaupten, dass es ADHS nicht gibt. Der französische Psychiater Patrick Landman etwa spricht in seinem Buch *Tous hyperactifs?*[2] von einer »Hyperaktivitäts-Epidemie«. Seiner Meinung nach ist diese »Störung« eine künstliche Konstruktion, an der Pharma-Labore verdienen wollen. Klar, die Zahlen sprechen dafür: In den Vereinigten Staaten ist der Umsatz der Medikamente, die bei ADHS eingesetzt werden, von 40 Millionen Dollar vor 20 Jahren auf heute zehn Milliarden gestiegen. Patrick Landman spricht von einem »Marketing für psychiatrische Krankheiten, die wie Produkte verkauft werden«. Das Phänomen hat seinen Ursprung in den Vereinigten Staaten und verbreitet sich auf der ganzen Welt.

Auch Dr. Dominique Dupagne[3] distanziert sich von den medizinischen Kriterien, die ADHS definieren. Er zieht es vor, von »Zappeln« zu sprechen. Seiner Meinung nach »stammt der Charakter des Zapplers aus dem prähistorischen Zeitalter. Dieses impulsive und intuitive Verhalten ist das eines Jägers oder Kriegers. Unter den Bauern und ihren Nachkommen, die die Welt seit 10 000 Jahren dominieren, sterben die Zappler vor Langeweile aus. Sie werden sehr früh von unserem Bildungssystem schikaniert, das für Ruhige, Aufmerksame und Geduldige konzipiert ist.«

Über Ritalin sagt Dr. Dominique Dupagne Folgendes: »Im Jahr 1954 meldete die Schweizer Firma Ciba ein Patent für ein Molekül namens Methylphenidat an, das ursprünglich als Antidepressivum verwendet wurde. Leandro Panizzon, der Chemi-

---

[2] Patrick Landman, *Tous hyperactifs?: l'incroyable épidémie de troubles de l'attention*, Albin Michel 2015.

[3] Dominique Dupagne, *Le Retour des zappeurs*, CreateSpace 2013.

ker, der es entdeckt hatte, verwendete den Namen seiner Frau (Rita), um einen Namen für den Handel zu schaffen – Ritalin war geboren. Nach einigen Jahren stellte sich heraus, dass dieses Produkt besonders gut wirksam ist bei wilden, unruhigen und unaufmerksamen Kindern. Die Wirkung ist manchmal spektakulär. In der Folge wird Ritalin zum Goldstandard bei der Behandlung der Hyperaktivität und Aufmerksamkeitsdefizitstörung bei Schulkindern.

Der Rest ist bekannt: Da man sie mit einem Medikament behandeln kann, sind diese Kinder also krank. Die Zappler, die in der Schule nicht gut klarkommen, leiden von nun an unter ADHS: der Aufmerksamkeitsdefizitstörung, mit oder ohne Hyperaktivität. Der Zappler-Charakter, der beim Homo sapiens seit mehr als einer Million Jahren vorkommt, ist in weniger als einem Jahrhundert zu einem Krankheitsbild geworden.

Ritalin, ein Amphetamin (Stimulans), liefert den Zappler-Kindergehirnen künstlich die Aufregung, die sie brauchen, um sich konzentrieren zu können. Paradoxerweise beruhigt sie dieses Stimulans, während er jedes andere Kind quasi in aufgedrehte Duracell-Hasen verwandelt. Diese künstliche Beruhigung ermöglicht es ihnen, intellektuell einsatzbereiter zu sein und, was am wichtigsten ist, sich den Schulpflichten zu widmen. Wenn der Teil ihres Gehirns, der auf der Suche nach Anregung ist, durch Ritalin beruhigt ist, kann der Rest dem Lehrer zuhören und lernen, ohne abgelenkt zu sein.

Diese Behandlung kann manchmal Wunder wirken, aber nicht alle Zappler reagieren positiv auf das Methylphenidat. Es mag absurd wirken, aber es ist die Schule, die nicht für diese Kinder geeignet ist, es sind nicht die Kinder, die ungeeignet für die Schule sind ...

Es ist schwer, zu sagen, was man von Ritalin halten soll, wenn es sich positiv auf das Schulverhalten der Zappler auswirkt (das ist aber bei Weitem nicht immer der Fall). Grundsätzlich erscheint es unlogisch, die Funktionsweise eines kindlichen Gehirns zu ändern, um es in einer Umgebung zu stabilisieren, die ihm nicht gerecht wird.«

Der Psychiater Patrick Landman sieht es ganz ähnlich: »Die Einnahme von Amphetaminen ist ähnlich, wie Alkohol zu trinken. Es kann sich eine vorübergehende Erleichterung einstellen. Ritalin dopt die Neurotransmitter, aber es heilt nicht. Ich bin kein radikaler Medikamentengegner. Ich verschreibe etwa einem Drittel meiner Patienten Methylphenidate, wenn ihr Leiden zu groß ist. Aber nur für einen begrenzten Zeitraum und mit der Auflage, sich psychotherapeutisch begleiten zu lassen. Irgendwann ersetzt die Psychotherapie die Medikamente komplett. Was mich empört, ist der systematische Rückgriff auf Medikamente wie auf einen Zaubertrank. Dabei kann die regelmäßige Einnahme dieser Amphetamine zu Wachstumsstörungen und Untergewicht führen … Die Medikamenten-Lösung kann für sich verbuchen, dass sich Eltern und Lehrer weniger schuldig fühlen. Konfrontiert mit einem schwierigen Kind, ist es für Erwachsene besser erträglich, wenn man ihnen sagt, dass die Krankheitsursache innerhalb des Kindes liegt, in seinem Gehirn, und nicht von äußeren Faktoren abhängt. Und wieder einmal ist es eine Frage der Zeitläufte. Angesichts des Stresses, der auf den Schultern der Eltern lastet, und der zunehmenden Klassengröße, wie soll man da die Zeit und den richtigen Ton finden, um Kinder zu verstehen, die nicht völlig angepasst sind? Komplett absurd wird es, wenn Ärzte behaupten, die Betroffenen hätten als Teenager ein höheres Risiko, drogenabhängig zu werden, wenn man ADHS nicht in der Kindheit feststellt und behandelt. Mit anderen Worten: Man gibt Siebenjährigen Amphetamine, um zu verhindern, dass sie mit 17 Drogen nehmen! Ein weiteres Problem, das sich bei der Einnahme von Ritalin stellt: Wann setzt man es wieder ab? Da es nicht heilt, sondern nur lindert, wann entscheidet man, die Behandlung zu beenden? Das ist eine Fangfrage, nicht wahr?«[4]

Wenn Eltern mich kontaktieren und mir von ihrem »hyperaktiven« Kind erzählen, frage ich sie, ob Ihr Kind es schafft, bei irgendeiner Sache ruhig und konzentriert zu sein. Die Antwort ist immer gleich: »Ja, wenn es zeichnet oder wenn es mit Lego spielt, kann es stundenlang ruhig sein.« Das ist erstaunlich, nicht wahr, für ein Kind, von dem es heißt, es sei unfähig, sich zu konzentrieren. Aus meiner Erfahrung sind die Kinder, die den ADHS-Stempel aufgedrückt bekommen haben, unruhig, unaufmerksam und ängstlich, wenn sie sich langweilen oder wenn sie in einer Umgebung sind, die für sie ungünstig ist.

Erwachsene sind schließlich auch widersprüchlich (!) in ihrem Verhalten. Das Kind, das voller Leben und Energie sein sollte, wird mit dem Etikett »hyperaktiv« versehen, sobald es ein wenig zu zappelig ist, aber gleichzeitig äußert die WHO ernsthafte Bedenken darüber, dass Kinder zunehmend zu viel sitzen und die Diagnose Fettleibigkeit zunimmt. Studien zeigen einen allgemeinen Rückgang der sensomotorischen Kompetenz und der Kraft der Kinder. Zu diesem Mangel an Kraft kommen die Schwierigkeiten hinzu, sich im Raum zurechtzufinden, ein mangelnder Gleichgewichtssinn und eine schlechte Motorik. Ein träges Kind auf dem Sofa vor einem Bildschirm scheint niemanden

[4] Aus einem Interview mit Marie-Pierre Genecand für die Zeitschrift *Le Temps* vom 28.02.2015.

zu beunruhigen, aber wenn das Kind das Bedürfnis äußert, sich zu bewegen, zu rennen, zu klettern und zu springen, dann muss es schnell untersucht werden! Was wäre, wenn die Krankheit der ADHSler nur die wäre, dass sie voller Leben sind?

Um die Lehrer und die Schulbehörden zu beschwichtigen, sind viele Eltern damit einverstanden, ihrem Kind Medikamente zu verabreichen. Diese Kinder fordern von uns, dass wir uns infrage stellen, und wir antworten darauf, indem wir sie sedieren. Wir sollten uns schämen!

Dysfunktionen

Unter dem Begriff »Dysfunktionen« werden spezifische kognitive Störungen und daraus folgende Lernschwierigkeiten zusammengefasst. Diese kognitiven Störungen sind angeboren. Sie zeigen sich während der Entwicklung des Kindes, vor oder während der ersten Lernphasen, und halten bis ins Erwachsenenalter an. Etwa zehn Prozent der Weltbevölkerung ist von Dyslexie betroffen, das sind 700 Millionen Menschen. Drei Prozent haben eine »schwere« Dyslexie, das wäre also ein Kind pro Schulklasse. Ich sehe das so: Wenn zehn Prozent der Weltbevölkerung von einer angeborenen Störung betroffen sind, die ein Leben lang anhält, dann ist das keine Störung, sondern einfach nur eine Besonderheit. Zumal wir auf der anderen Seite eine hohe Intelligenz bei den von Dyslexie betroffenen Menschen sehen. Im Konzept der »Dysfunktionalitäten« zeigt sich für mich noch eine weitere Verwirrung: Unter einem Begriff werden kognitive Beeinträchtigungen und ihre Auswirkungen (»Lernschwierigkeiten«) zusammengefasst. Wenn das Lernen anders vonstattenginge, gäbe es dann immer noch Lernschwierigkeiten? Und wäre ohne Lernschwierigkeiten die kognitive Besonderheit immer noch eine Störung?

Die Pathologisierung dieser Besonderheit hat katastrophale Konsequenzen für Kinder, die als »dyslektisch« bezeichnet werden. Mittlerweile gilt wenigstens, dass Dyslexie keine psychologischen Ursachen hat. Aber die Diagnose hat verheerende Auswirkungen auf die Psyche der betroffenen Person. Dr. Patrick Quercia[5] ist der Meinung, Dyslexie sei eine der Hauptursachen für Suizid bei Jugendlichen. Ich glaube nicht, dass es die Dyslexie an sich ist, die depressiv macht, sondern eher die Stigmatisierung und das daraus resultierende geringe Selbstwertgefühl. Dr. Quercia könnte schon mal einen Anfang machen und sein Vokabular ändern, denn er spricht von »Störung«, »Anomalien« und »schwerer Pathologie« ...

Um dieses Kapitel schreiben zu können, habe ich viel über Dyslexie gelesen. Die Eltern der Kinder, die in eine Dysfunktionalitätsschublade gesteckt werden, tun mir aufrichtig leid. Wie mühselig muss es sein, sich bei den Unmengen an Informationen zu orientieren! Ein Mann namens Baker hat alle Publikationen der letzten 30 Jahre zu Dyslexie gezählt. Er fand 3871 Publikationen, die das Problem beschreiben, aber in nur 32 gab es auch Hinweise zu potenziellen therapeutischen Maßnahmen. Das hat bei mir den Eindruck hinterlassen, hier gilt mal hü, mal hott. Der einzige Punkt, in dem sich die Experten einig sind, ist, dass man immer noch nicht weiß, wie Dyslexie entsteht. Mehrere Theorien prallen aufeinander, die meiner Meinung nach lieber versuchen sollten, sich gegenseitig zu ergänzen, anstatt sich zu bekämpfen: magnozelluläre Theorie, Theorie Kleinhirn, Propriozeption-Theorie, phonologische Theorie und, in jüngster

5 Patrick Quercia, *Traitement proprioceptif et dyslexie*, AF3dys 2008.

Zeit, das Modell von Maxwell ... In Frankreich dominiert derzeit die phonologische Theorie.

Elisabeth Nuyts ist Professorin für Pädagogik und hat sich auf die Unterstützung von Menschen mit Lernschwierigkeiten und auf kognitive Rehabilitation spezialisiert.[6] Ihre Arbeiten (einschließlich ihrer Entdeckungen zu Dyslexie und Pädagogik) wurden im Jahr 2002 mit dem Preis *Enseignement et Liberté* ausgezeichnet.

Sie ist der Ansicht, dass die neue Art, zu lesen, still und schnell, wie sie mittlerweile global praktiziert wird, weder die Zeitebene integriertnoch ermöglicht, den Sinn des Gelesenen zu erfassen. Sie erklärt: »Wenn ich spreche und am Ende meines Satzes ankomme, liegt der Anfang bereits in der Vergangenheit: Das Reden schreibt sich in die Zeit ein. Wenn ich eine Zeile schreibe, schreibe ich von links nach rechts: Das Zeichen wird in den Raum geschrieben. Die Geste ist somit sowohl in die Zeit als auch in den Raum eingeschrieben. Mir ist aufgefallen, dass ein Kind, das seine natürliche Orientierung nicht anwenden kann, um Zugang zum Lesen zu finden, dyslektisch wird.« Ihr zufolge ist der Mensch im Grunde ein »Wesen des Wortes«: Man kann es ihm nicht wegnehmen, ohne Schaden anzurichten. Also, was tun? Die Lösung bestünde darin, das Sprechen wieder ins Lernen zu integrieren: sagen, was man sieht, sagen, was man hört, sagen, was man schreibt.

Die Lehrerin Céline Alvarez[7] hat ein erbauliches Experiment durchgeführt. In zwei Jahren konnten alle Kinder aus ihrer großen Kindergartengruppe und 90 Prozent der mittleren Kinder-

---

6 Elisabeth Nuyts, *L'École des illusionnistes,* Elisabeth Nuyts 2000; *DYSlexie, DYScalculie, DYSorthographie, Troubles de la mémoire: prévention et remèdes,* Elisabeth Nuyts 2011; www.savoir-apprendre.info.

7 Céline Alvarez, *Les Lois naturelles de l'enfant,* Les Arènes 2016.

gartengruppe lesen. Sie bestätigt, was Elisabeth Nuyts sagt. Der beste Ansatz, lesen zu lernen, sei die phonemische Methode, also auditiv. Sie besteht daraus, die Phoneme in den Wörtern zu hören und zu erkennen. Andere Lernmethoden sollten daher dauerhaft aufgegeben werden. Aber es könnte auch notwendig sein, die Lerntechniken zu individualisieren, um sie besser an jedes Kind anzupassen.

Meine russische Dyslexie

Im Alter von 50 Jahren beschloss ich, Russisch zu lernen. Durch diese Erfahrung konnte ich wieder in die Rolle eines Erstklässlers schlüpfen (ich hatte in der ersten Klasse kein Problem damit, lesen zu lernen). Ich habe ein Alphabet gelernt mit einigen sehr schönen Buchstaben (ж, ф, ю ...), und ich habe die unschuldige Aufregung wiederentdeckt, schnell ein paar Wörter entziffern zu können: жираф (Giraffe), телефон (Telefon). Erinnern Sie sich an diese Kinder, die freudig alle Etiketten entziffern, die ihnen begegnen: »Ca-mem-bert, Ket-chup, Senf« usw. Dann wurde mir klar, was Analphabetismus sein könnte: Die russischen Buchstaben werden ausgesprochen, wie sie geschrieben werden. So konnte ich ganze Texte lesen, ohne sie zu verstehen.

Paradoxerweise wurde es umso schwieriger, je mehr Fortschritte ich gemacht habe. Es setzten keine Automatismen ein. Schließlich fand ich heraus, warum. Es ist eine Form der Dyslexie, die ich entdeckt habe: Bei manchen Wörtern, vor allem den längeren, klebten die Buchstaben, die ich noch nicht gut kannte, zu sehr aneinander, als dass ich sie hätte identifizieren können. Ich hätte sie einfach ein wenig auseinanderschieben sollen, nicht um sie zu lesen, sondern um sie zu sehen. Zum Beispiel ist es einfacher, die Buchstaben, aus denen das Wort лишний (zu viel), besteht, zu erkennen, indem man sie auseinanderzieht: л и ш н н и й. Dies gilt auch für andere Sprachen: Es hilft, jeden Buchstaben für sich zu sehen. Es gibt auch Schriften für Dyslektiker, die diese Funktion haben, die Buchstaben besser lesbar zu machen. Werden sie ausreichend verwendet? Meine Dyslexie war also teilweise visuell bedingt. Aber es kam noch ein zusätzliches Problem hinzu. Ich stolperte verzweifelt und kam nur stockend voran, und da wurde mir klar, dass ich von einer Form der Synästhesie betroffen war: Ich sehe die Vokale in Farbe und die Konsonanten schwarz. Zum Beispiel ist das »a« gelb, das »o« blau, das »u« grün. Für mich ist der Buchstabe »i« rot. Aber die russischen »i«, die ich gelernt hatte (и, й, ы), waren schwarz geblieben. Ich konnte sie nicht in der Mitte der Konsonanten erkennen. Ich sah im Grunde nur schwarze Wörter, also nur Konsonanten. Das war sehr verwirrend. Am schwierigsten war das »y«. Ich sehe den Buchstaben und den Laut »y« in Bordeauxrot. Aber im Russischen wird das »y« »ou« (grüner Ton) ausgesprochen. Ich las spontan Я шучу (ich scherze) »Ya chitchi« statt »Ya choutchou« – was selbstverständlich einen großen Unterschied macht.

Um all diese Schwierigkeiten zu überwinden, musste ich alle Vokale in den Texten in der Farbe ihrer Laute markieren. Es war nicht leicht, aber das war es wert. Die Texte leuchteten plötzlich auf. Die farbigen Vokale ließen die schwarzen Konsonanten gut hervortreten. Und ich bin nicht mehr auf dieses verdammte »Y« reingefallen. Ich konnte fließend lesen, die Wörter erkennen und sie verstehen. Ich war sogar in der Lage, Vorträge auf Russisch zu halten. Ich musste also nur den einen Trick finden, der mir half, meine Schwierigkeit zu überwinden. Eine Weile ließ ich die Sache auf sich beruhen, denn ich war von neuen Projekten eingenommen. Neulich aber musste ich einen Text auf Russisch lesen. Zu meiner großen Überraschung und Freude sah ich den

Text spontan in Farbe. Meine Synästhesie hatte sich automatisiert. Glücklicherweise konnte ich mein Lernen an meine seltsame Art zu lesen anpassen. Was wäre passiert, wenn ich nicht den Trick gefunden hätte, der meine Blockade auflöste? Sollte man ein Kind in der ersten Klasse auch Texte nach dem eigenen Gutdünken anmalen lassen? Würde es so selbst herausfinden, was ihm am meisten helfen könnte, um vorhandene Blockaden zu überwinden? Die Synästhesie, sehr oft manifest in den hocheffizienten Gehirnen, wird in unseren pädagogischen Lehrmethoden komplett von oben herab behandelt. Selbstverständlich wäre es weniger einfach gewesen, den Text anzupassen, wenn der Buchstabe »a« haarig, »i« matt und »o« glänzend gewesen wäre, wie es oft der Fall ist für diese »komischen Kinder«. Aber vielleicht wäre eine Sensibilisierung für solcherlei Aspekte bereits Hilfe genug?

Ich denke, Erwachsene, insbesondere Lehrer, sollten dieses Abenteuer, eine neue Sprache und ihr Alphabet zu erlernen, ruhig einmal wagen, damit sie sich erinnern, wie man sich in Lernsituationen fühlt. Das koreanische Alphabet, zum Beispiel – »hangeul« 한글 genannt –, gilt vielen Sprachwissenschaftlern als eines der elegantesten und leichtesten beim Spracherwerb. Es hat nur 14 Konsonanten und zehn Vokale, die zu 27 Digraphen zusammengesetzt werden können. Also, wann fangen wir an?

Ich hoffe, dass die Liste der medizinischen und »Behinderten«-Schubladen sich nicht weiter unterteilen und verlängern wird. Denn all diese Bezeichnungen – von High Functioning über ADHS bis Autismus und Hochbegabung – wollen sehr spezifisch verstanden sein und überschneiden sich dabei oft. Man sollte das Problem vom anderen Ende her angehen. Wann fangen wir endlich an, uns damit zu beschäftigen, was bei allen Unterschieden gleich ist?

Also, über wen und worüber reden wir? Über ein neurologisch atypisches, hochsensibles Kind, das leider stigmatisiert wird durch all diese Bezeichnungen. Ich schlage auch eine Schublade vor und hoffe, dass sie inklusiver und weniger behindernd ist als die anderen. In meinem Buch *Ich denke zu viel* habe ich mich für den Begriff »mental hocheffizient« entschieden, um dieses atypische und komplexe Denken zu beschreiben. Denn diese Kinder funktionieren auf einer neurologischen, emotionalen und psychologischen Ebene wirklich anders. Sie sind strukturell hochsensibel, hyperemotional, hyperaffektiv und hyperempathisch. Ihre Reife geht weit über »Frühreife« hinaus. Nein, sie müssen nicht umerzogen werden! Aber sie brauchen die Hilfe von Erwachsenen, um zu verstehen, wer sie sind und wie sie funktionieren. In den folgenden Kapiteln finden Sie alle Schlüssel, die zum Verständnis notwendig sind, und helfen, dass Sie sie zukünftig nicht mehr in Schubladen packen müssen.

Kapitel 2
Eine außergewöhnliche Sensibilität

Ich sage Ihnen nichts Neues, wenn ich Ihnen sage, dass Ihr Kind hochsensibel ist. Sie haben es bereits ohne mich festgestellt. Aber ich kann Ihnen viel über die Wirkweise dieser Hochsensibilität sagen und über die Mittel, mit ihr klarzukommen und ihre Auswirkungen abzuschwächen.

Hochsensibilität

Die Hauptursache für eine hohe Sensibilität ist ein hoch entwickeltes und hochempfindliches sensorisches System. Hochsensible sehen, hören und fühlen mit einer außergewöhnlichen Schärfe. Sie haben zum Beispiel einen besonderen Sinn für Details oder ein sehr feines Gehör und insgesamt so vielfältige Wahrnehmungen, dass sie beinahe »hellsehen« können. Regelmäßig überrascht durch diese unglaubliche sensorische Schärfe, nennen ihre Lieben sie »Adlerauge«, »Luchsohr« oder »Trüffelschweinnase«, ohne wirklich zu erkennen, wie wahr das ist. Das ist der Grund, warum Erwachsene zwar zum Teil erkennen, dass mental hocheffiziente Kinder eine hochsensible Sinneswahrnehmung haben, aber dennoch schnell irritiert sind, und sagen, diese Kinder seien launisch, wählerisch oder zimperlich.

Dabei stellen sich diese Kinder nicht an, sie drücken einfach nur ihr Unbehagen aus.

Michel erzählt mir von einem Vorfall: Letzten Mittwoch protestierte sein elfjähriger Sohn während des Lebensrettungskurses und weigerte sich, seinen Neoprenanzug anzuziehen, weil er kalt und nass sei und voller Sand. Michel wurde wütend und sagte zu seinem Sohn: »Aber das ist bei all den anderen auch so, und sie stellen sich nicht so an!« Ich versuche, Michel zu erklären, dass sein Sohn »sich nicht anstellt«. Er nimmt die Dinge nicht so wahr wie seine Kameraden: Das Kalte fühlt sich für ihn noch kälter an, das Nass noch viel klebriger und der Sand wie Sandpapier auf seiner Haut. Aber ich merke, dass Michel nicht versteht, was ich sage. Er hat sich selbst abgehärtet, um die eigene Hochsensibilität zu ertragen, und kann sich nicht vorstellen, wie anders und wie viel einfacher es für die anderen ist, die sich nicht so anstrengen müssen. Das ist übrigens eine Konstante: Die Hochsensibilität wird von Norm-Denkern wie von den Hocheffizienten selbst unzureichend verstanden. Die Norm-Denker kennen Hochsensibilität nicht aus eigenem Erleben, es ist also ganz normal, dass sie sie nicht begreifen können. Aber selbst hochsensible Menschen können sich den Unterschied genauso schwer vorstellen. Trotz regelmäßiger anderslautender Erkenntnisse, die ihnen ihr tägliches Leben liefert, denken sie, dass alle sinnlich wahrnehmen, was sie wahrnehmen, und dass sie, wie alle anderen, »damit klarkommen« müssen. So wurde es ihnen zumindest beigebracht. Ich muss oft darauf bestehen: »Nein, Norm-Denker nehmen nicht die gleiche Menge an Informationen auf wie Sie und sicherlich nicht mit der gleichen Intensität!«

Eines Tages war ich für eine Liveübertragung beim belgischen Radiosender Vivacité und ein 15-jähriger Hörer erzählte in der Sendung von seiner Hochsensibilität. Er berichtete, dass er vor

Kurzem in einem Gestüt gewesen ist, wo er ein schrilles, sehr unangenehmes Geräusch hörte. Er war der Einzige, der es wahrnahm, und es war ihm sehr unangenehm. Der Leiter des Gestüts vermutete, dass er das Ultraschallgerät hörte, das er benutzte, um Mäuse zu jagen. Also machten sie den Test: Der Leiter schaltete das Gerät mehrmals aus und ein. Und tatsächlich war es das, was der 15-Jährige gehörte hatte – und er war der Einzige. Ohne die Bestätigung des Gestütsleiters hätte der junge Mann annehmen können, er habe einen Tinnitus oder sei verrückt. Mich hat die Geschichte bestürzt. Ich weiß nicht viel über Pferde, aber ich kann mir vorstellen, dass ihr Gehör mindestens so gut entwickelt ist wie das des Teenagers und das der Mäuse. Das Leben auf diesem Gestüt muss eine absolute Qual für sie sein.

Der Teenager übergab den Hörer seiner Mutter, damit sie seine Geschichte vervollständigte. Sie erzählte, dass er im Alter von fünf Jahren, als die Familie von einem Spaziergang nach Hause kam, plötzlich rief: »Mama, das Haus brennt!« – »Aber nein!«, sagte seine Mutter. Das Kind bestand darauf: »Doch, es brennt, ganz sicher!« Und er hatte recht: Im Näherkommen erkannten sie, dass das Haus in Flammen stand. Er hatte das Feuer lange vor allen anderen gerochen.

Eine hochsensible Person beschwert sich ab und zu darüber, dass der Ton im Kino zu laut ist, dass das Licht im Restaurant zu grell ist, dass etwas zu salzig und der Pullover kratzig ist … Da das Umfeld aber nicht versteht, was dieser Mensch durchmacht, spiegelt es ihm, er sei eine Nervensäge, sich ständig über Kleinigkeiten zu beschweren. Tatsächlich ruft ein überentwickeltes sensorisches System viel Unbehagen hervor, gerade in unserer »zivilisierten« Gesellschaft, in der man Neonlichtern, Hupen und anderen Angriffen auf die Sinne nur schwer entkommen kann. Einige wären versucht, zu glauben, dass alle Hochsensiblen durchgeknallte, traumatisierte, verzweifelte Menschen sein müssten. Das ist aber nicht der Fall, sie sind neurologisch so gemacht. Deshalb gefällt mir die Theorie, die Dominique Dupagne in ihrem Buch *Le Retour des zappeurs*[1] entwickelt: Wenn man als Jäger und Sammler lebt, ist es sehr nützlich, ein hoch entwickeltes sensorisches System zu haben und ständig auf der Lauer zu sein.

Um die Erfahrung eines hochsensiblen Kindes nachzuvollziehen, können Sie sich vorstellen, mit einem Universalverstärker zu leben. Im Winter in einem Kühlschrank, im Sommer in einer Sauna oder im Hamam ... Die kleinste Brise wird zu einem hartnäckigen Wind. Was würden Sie fühlen, wenn Sie einen Raum mit blendender Beleuchtung betreten, wo der Fernseher auf Hochtouren läuft? Der kleinste Löffel, der auf den Fliesenboden fällt, hört sich an wie mehrere Töpfe, die gleichzeitig herunterfallen. Stellen Sie sich vor, Sie leben inmitten von Fettgeruch, synthetischen Parfüms, die den Körpergeruch nur schlecht überdecken, oder mitten zwischen Mülltonnen. Und was wäre, wenn Sie von Menschen umgeben wären, die mit den Füßen scharren, die die Nase hochziehen, sehr laut mit offenem Mund kauen, die zu laut sprechen? Standen Sie jemals unter einer Dusche, bei der der Wasserstrahl so stark war, dass es schmerzte? Wie ist der Tag, wenn man zu enge Kleidung trägt, mit Nadeln (die Etiketten), aus Viskose oder aus gummiartigen oder Kunststoff-Materialien (synthetische Kleidungsstücke), körnig (das Polohemden-Material) oder schleifpapierartig (kratzige Pullis) ... Sind Hochsensible also tatsächlich Weicheier? Nein, sie sind richtig hart im Nehmen!

Die Hochsensibilität kann viele der Probleme erklären, auf die man mit einem mental hocheffizienten Kind stößt. Sein seltsames

[1] Dominique Dupagne, *Le Retour des zappeurs,* op. cit.

Bedürfnis nach Einsamkeit, ebenso wie viele seiner Wutanfälle, sind nichts als eine sensorische Frustration. Die Schwierigkeiten, die es auf der Ebene der Körperpflege, der Ernährung und bei motorischen Fähigkeiten oder beim Einschlafen haben kann, können auch zum großen Teil auf die Hochsensibilität zurückgeführt werden.

Körperpflege

Ausgiebig duschen, sich die Zähne putzen, sich kämmen – für die meisten Menschen ist das angenehm. Man kann sich nur schwer vorstellen, dass jemand Körperpflege als Folter empfindet. Und doch! Wie soll man Freude am Waschen haben, wenn die Empfindung von kalt und nass bis zum Unerträglichen verstärkt wird, wenn die Dusche sich anfühlt, als würde man von feinen Wassernadeln getroffen und die Seife das Gefühl von spannender und/oder juckender Haut hinterlässt? Wie soll man die Zähne putzen, wenn die Berührung mit einem ekligen Gegenstand (der Zahnbürste) den Würgereflex aktiviert? Wie soll man einen frischen Atem spüren, wenn die zu stark mentholhaltige Zahnpasta einem den Mund verbrennt? Wie das Wasser in den Ohren ertragen, das Shampoo in den Augen, das schrille Geräusch des Föns, der einem auch noch den Schädel verbrennt, während der Kamm an den Haaren zieht? Sie sehen, diese Kinder sind weder »launisch« noch willentlich »schmutzig«. Übrigens, wussten Sie, dass Steve Jobs sich nie gewaschen hat und dass er streng roch? Sein Biograf Walter Isaacson[2] erläutert, dass Steve Jobs behauptete, selbstreinigend zu sein, und dass er sich weigerte zuzugeben, wie er stank.

---

2 Walter Isaacson, *Steve Jobs. Die autorisierte Biografie des Apple-Gründers*, btb 2012.

Aber wir verfügen nicht alle über das Genie, den Ruhm und den Reichtum eines Steve Jobs. Aus diesem Grund könnte eine unzureichende Körperpflege früher oder später im Leben Ihres Kindes ein Problem werden. Deshalb muss Körperpflege ein nicht verhandelbarer Punkt bleiben. Manchmal erfordert es allerdings sehr viel Geduld und Einfallsreichtum, um die richtigen Automatismen zu etablieren, die mit dem sensorischen System Ihres Kindes konform gehen!

Ernährung

Hochsensible Kinder haben oft eine problematische Beziehung zum Essen. Wenn wir uns für Gastronomie interessieren, wissen wir: Bei einem Gourmet-Dinner sind alle Sinne gefordert und im Prinzip erfreut. Nun, man kann sich gut vorstellen, dass mental hocheffiziente Kinder echte Gastronomie-Kritiker in kurzen Hosen sind. Sie sind leicht angewidert: vom Geschmack natürlich, aber auch von der Textur, der Wärme, vom Geruch, von der Farbe, der Konsistenz ... Hinzu kommt schon ein sehr früh entwickeltes ethisches und ökologisches Bewusstsein. Diese Kinder weigern sich oft, Fleisch zu essen, und bevorzugen Bioprodukte. Hinter ihrer Zurückhaltung steht wahrscheinlich ein ziemlich guter Instinkt. Wie der Umweltschützer Pierre Rabhi sagt: »Wir essen so viele giftige Sachen, dass ich den Leuten nicht ›Guten Appetit‹, sondern ›viel Glück‹ wünschen will.« Zucker, Zusatzstoffe, Pestizide und endokrine Disruptoren sind für kein Kind gut.[3] Ich denke, dass mental hocheffiziente Kin-

---

[3] Viele Infos dazu finden sich in: Corinne Gouget, *Additifs alimentaires danger!*, Chariot d'Or 2014.

der aufgrund ihres besonderen neurologischen Systems empfänglicher sind für diese toxischen Produkte.

Um bei Ihrem Kind Probleme mit dem Essen zu umgehen, kann ich Ihnen folgende Tipps geben: Legen Sie, soweit es Ihnen möglich ist, einen Gemüsegarten an; holen Sie die Eier direkt aus einem Hühnerstall; kaufen Sie Bioprodukte und bringen Sie Ihrem Kind das Kochen bei. Kochen ist in vielerlei Hinsicht eine ausgezeichnete Aktivität: wegen der gemeinsam verbrachten Zeit (alle Kinder lieben es, mit ihren Eltern zu kochen), für die Feinmotorik (das Aufschlagen der Eier, das Rühren, Eingießen, Bepinseln, Schälen, Schneiden usw.), für die Mengenberechnungen (in Gramm, Deziliter usw.), um die Zeit und die Temperatur zu messen, um Kreativität zu entwickeln und auch, um zum Essen zu motivieren. Im Prinzip verschlingen Kinder die Gerichte, die sie selbst gekocht haben! Wenn Ihr Kind bei Tisch sehr wählerisch ist, machen Sie sich keine Sorgen und trösten Sie sich: Leonardo da Vinci war Vegetarier und ein totaler Nörgler. Seine Köchin musste Tausende Tricks anwenden, um ihn zum Essen zu bewegen. Trotzdem war er 1,92 Meter groß und wurde 67 Jahre alt – in einer Zeit, in der die Lebenserwartung 19 Jahre betrug.

Schlaf

Wie soll man Schlaf finden, wenn alle Sinne auf der Lauer sind und man von existenziellen Ängsten geplagt wird? Wir werden weiter hinten im Buch sehen, wie man am besten mit diesen Ängsten umgeht. An dieser Stelle schlage ich Ihnen vor, auf die sensorischen Aspekte des Schlafs zu achten: Sind die Laken weich genug? Riechen sie nicht zu sehr nach Waschmittel? Ist der Schlafanzug bequem? Wirkt der Raum beruhigend, ist das

Nachtlicht weich genug? Selbstverständlich sollte das Schlafzimmer frei von Wifi-Wellen oder Bildschirmen (TV, Tablet, Smartphone) sein! Sind die Geräusche des Hauses gedämpft und tröstlich? Ist der Fernseher im Wohnzimmer leise genug? Wenn man nicht selbst mitguckt, ist ein laufender Fernseher ein lauter, stressiger und belastender Gegenstand. Kreischende Cartoon-Stimmen etwa sind sehr nervig, wenn man nicht gleichzeitig das Bild sieht. Noch schlimmer ist es, wenn eine Krimiserie läuft. Wir realisieren es vielleicht nicht, aber einige Fernsehserien sind so gewalttätig, dass sie das Haus mit Stresswellen förmlich überfluten. Wie soll man einschlafen, wenn man ein hochsensibles Sinnessystem hat und in der Ferne eine Musik hört, die spannungsgeladen ist, wenn man die Geräusche einer Verfolgungsjagd, die Polizeisirenen, Explosionen oder eine vor Angst schreiende Frauenstimme hört? Wenn man ein hochsensibles Kind hat, ist es sowieso unerlässlich, es vor Gewaltnachrichten und vor allem vor Bildern, die Morde, Überfälle, Vergewaltigungen oder Tierquälereien zeigen, so gut wie möglich abzuschirmen. Ich rebelliere gegen die Tatsache, dass die Gesellschaft Kinder und empfindliche Menschen immer weniger vor unerträglichen Bildern schützt. Zurück zu Ihrem Kind, das ins Bett muss: Sehen Sie eine Zeit vor dem Schlafengehen vor, in der es zur Ruhe finden kann. Das Ideal bleibt immer, seinem Kind vor dem Einschlafen eine Geschichte vorzulesen und diesen Brauch so lange wie möglich beizubehalten.

Motorische Fähigkeiten

Bei den motorischen Fähigkeiten spielt die Hochsensibilität selbstverständlich auch eine Rolle: Einige mental hocheffiziente

Kinder fliehen aus ihrem übermäßig empfindlichen Körper. Sie ziehen sich in ihren Kopf zurück und versuchen, alle Angriffe auf ihre Sinne zu ignorieren, denen sie den ganzen Tag über ausgesetzt sind und die von ihrem Umfeld geleugnet werden. Darüber hinaus ist mir aufgefallen, dass viele von ihnen nur schwer akzeptieren können, dass sie ihren biologischen Funktionen unterworfen sind. Die Vitalfunktionen wie Trinken, Essen, Schlafen, Urinieren, den Darm entleeren und sogar das Atmen erscheinen ihnen bestenfalls als Zeitverschwendung, wenn sie ihnen nicht peinlich sind und sie sich sogar dafür schämen. Sie würden gerne über diesen physiologischen »Banalitäten« stehen.[4]

Hochsensibilität bedeutet, sein Leben nach außen gerichtet zu führen, weil man immer all seine Antennen aufgestellt hat. Da diese Kinder übermäßig aufmerksam auf alles sind, was draußen vor sich geht, schenken sie dem, was in ihnen passiert, ihren Körperempfindungen, ihren Gefühlen und auch ihren Werten und persönlichen Grenzen zu wenig Beachtung. Ob die dringende Notwendigkeit, diese Welt zu verstehen, um nicht mehr abgelehnt zu werden, diesen Mechanismus noch verstärkt? Jedenfalls führt all dies dazu, dass hochsensible Kinder leicht abgelenkt sind, tollpatschig, ungeschickt, wie der berühmte Albatros aus Charles Baudelaires Gedicht, der auf dem Boden kaum vorankommt und sich ständig verheddert, weil ihn seine Riesenflügel am Gehen hindern. Diese Kinder brauchen Hilfe, um wieder in Kontakt mit sich selbst zu kommen. Sie müssen sich wieder stärker mit ihrem Körper verbinden, ihn mit seinen Aufs und Abs akzeptieren. Das ist nicht einfach. Der erste Schritt, um ihnen zu

---

4 Diesem Aspekt der mentalen Hocheffizienz nähern sich vor allem die Überlegungen zu den sogenannten Indigo-Kindern.

helfen und sich selbst besser zu verstehen, ist: ihre Hochsensibilität erkennen, darauf eingehen und ihnen beibringen, ihr System der Sinnes- und Gefühlsverarbeitung zu schützen. Wenn Sie ihr Interesse an der Anatomie und Biologie des menschlichen Körpers früh wecken, kann ihnen diese wunderbare Maschine auch sympathischer werden.

Latente Hemmung

Die Hochsensibilität wird von einer weiteren Besonderheit begleitet, die in der Sprache der Norm-Denker eine abwertende Konnotation hat: dem »latenten Hemmungsdefizit«. Man könnte auch sagen »ein Übermaß an aktiver Erregung«. Einfach erklärt, bedeutet das: In den Gehirnen der Norm-Denker werden sensorische Informationen, die relevant sind, von den irrelevanten getrennt. Wenn Sie zum Beispiel mit einer Person sprechen, während ein Presslufthammer auf der Straße hämmert, wird die latente Hemmung den Lärm des Geräts dämpfen, da es für das Gespräch als unnötig erachtet wird. Das ermöglicht es dem Norm-Denker, sich weiterhin auf das Gespräch zu konzentrieren. Bei dem mental Hocheffizienten funktioniert dieser Mechanismus nicht, er kann das Geräusch nicht dämpfen. Er muss daher die Ohren spitzen, um Sie weiterhin durch das Getöse hindurch hören zu können.

Dank der latenten Hemmung verfügen die Norm-Denker über mehrere sensorische Lagen. Sie fühlen sich nicht gestört, ihre Gehirne nehmen die Sortierung automatisch vor, wie zum Beispiel einen Text auf ein Bild zu schreiben oder ihn durchzublättern, während ein Film läuft, oder die Schlagzeilen aus den Hintergrundgeräuschen herauszuhören. Das ist alles kein Problem. Man kann auch synthetische Gerüche übereinanderlagern – Reinigungsmittel, Duschgel, Parfüm eine Duftkerze, ah, riecht das gut! Kein Problem für das Gehirn der Norm-Denker. Es filtert das heraus, was es braucht. (Nun gut, eines Tages müsste man vielleicht genauer untersuchen, ob dabei wirklich immer die nützlichste Information herausgefiltert wird ...)

Das latente Hemmungsdefizit kann für die mental hocheffizienten Gehirne überaus behindernd sein wie in dem Beispiel mit dem Presslufthammer, aber es ermöglicht auch, in anderen Situationen ein Multitasker zu sein und nicht zu viele Informationen zu verlieren. Häufig können die mental Hocheffizienten zwei Gesprächen folgen, während sie etwas anderes tun. Es ist aber nicht das Gehirn, das selbst entscheidet, welche Prioritäten es setzen muss! Alle Sinneswahrnehmungen werden ohne Hierarchisierung aufgenommen. Ein Jäger und Sammler kann es sich nicht leisten, eine Information zu übersehen, die ihm das Leben retten könnte oder die auf Jagdwild hindeutet! Die mental hocheffiziente Person muss daher ständig wählen, worauf sie ihre Aufmerksamkeit richten will. Und das ist keine Kleinigkeit! Soll das Bild oder der Text betrachtet werden? Soll man auf die Musik oder die Stimme hören? Das mental hocheffiziente Gehirn entscheidet von Fall zu Fall und zwingt seine Aufmerksamkeit, das zu isolieren, was zuerst wahrgenommen werden muss.

Ich denke, die berühmte »Aufmerksamkeitsdefizitstörung« entsteht einfach aus dieser speziellen neurologischen Gegebenheit. Zum Beispiel ist es ohne eine latente Hemmung unmöglich, konzentriert neben jemandem zu arbeiten, der ständig schnieft. Man kann auch nicht aufmerksam zuhören, wenn die Person, die spricht, ein Stück Salat auf den Zähnen kleben hat. Fügt man dann noch hinzu, dass hochsensible Menschen viel mehr Informationen wahrnehmen als die Norm-Denker, hat man eine Vorstellung von der Komplexität des Vorgangs.

Im Folgenden zeige ich Ihnen an einem Beispiel den Grad der Aufmerksamkeit eines mental hocheffizienten, hochsensiblen Kindes mit einem latenten Hemmungsdefizit, das seinem Lehrer zuhört. Eine Informationenflut prasselt auf es ein. Neben der Stimme des Lehrers (tief, rau oder melodiös etc.) nimmt das Kind die Lautstärke wahr (stark oder schwach), den Akzent und die Sprachticks, die Betonungen und Modulationen, den Tonfall (freundlich, verärgert oder bedrohlich) und die nonverbale Sprache (Gesten und Mimik); den Inhalt des Gesprochenen nimmt es inmitten all dieser nonverbalen Parameter wahr und es muss die Wörter und die möglichen Anspielungen dekodieren. Das Kind kann möglicherweise Unklarheiten oder Widersprüche zwischen all diesen Aspekten feststellen, die dem Lehrer gar nicht bewusst sind. Gleichzeitig nimmt das Kind mit seinen anderen Sinnen andere Informationen wahr: Gerüche aus der Klasse oder das Parfüm des Lehrers. Hinzu kommen auch alle visuellen Aspekte: Haarschnitt, Augenfarbe, Augenbewegung, Lippenbewegung, die Narbe am Kinn, der fehlende Knopf an der Jacke, der kaputte Schnürsenkel, die kleinen Zierlöcher in den Schuhen ... Und was ist wohl in dieser ausgebeulten Hosentasche? Gibt es wirklich eine Aufmerksamkeitsstörung bei den ADHSlern? Ist es nicht eher so, dass sie auf zu viele Parameter achten?

In der Schule ist die Reizüberflutung eine Tortur für hochsensible Kinder. Sie müssen so viel verarbeiten, es sind so viele Leute um sie, so viel Trubel und vor allem so viel Lärm. In der Arbeitswelt wird man sich langsam dessen bewusst, was Lärmbelästigung für Auswirkungen hat, aber dass es in der Schule nicht anders ist, scheint niemanden zu interessieren. In den Schulinstitutionen ist der Schallpegel, der in den Klassen und, noch schlimmer, in der

Mensa erreicht wird, ein medizinischer Skandal. Und sagen Sie jetzt nicht, dass es für die Lehrer auch schlimm ist: Es wäre ihre Aufgabe, sich darum zu kümmern und Abhilfe zu schaffen! Céline Alvarez[5] ist es sehr gut gelungen, eine ruhige und lernfördernde Atmosphäre in ihrer Klasse zu schaffen, von der alle Kinder profitieren.

Mental hocheffiziente Kinder sind es gewohnt, plötzliche Wutanfälle zu bekommen, die die Menschen um sie herum nicht nachvollziehen können. Einige dieser Wutanfälle hängen mit dieser Reizüberflutung zusammen – zu viel Lärm, zu viele Menschen, zu viele Informationen, zu viele Forderungen. Dadurch schwindet ihre Konzentration. Oftmals bekommt das Kind durch den Wutanfall, was es braucht: einen Moment der Ruhe, allein in seinem Zimmer. Um Ihrem Kind zu helfen, müssen Sie lernen, zu fühlen, dass sich die Überreizung anbahnt, und ihm Momente der Isolation in seinem Zimmer bieten sowie Momente der präventiven Selbstbesinnung, ohne es dabei zu bestrafen. Vermeiden Sie auch Situationen, die für seine hochsensiblen Sinne zu aggressiv sind!

So ist also Ihr Kind: ein kleines Wesen, das mit einem anderen sensorischen System ausgestattet ist, das superfunktional ist und nicht dysfunktional! Ihre Aufgabe ist es, ihm dies zu erklären und ihm beizubringen, damit umzugehen. Dass Sie sein Leiden verstehen, wird bereits eine große Erleichterung für Ihr Kind sein. Behandeln Sie es nicht wie eine »Mimose«. Hören Sie sich seine Beschwerden an, versuchen Sie, sich in seine Lage zu versetzen. Überprüfen Sie, inwiefern das, was es durchmacht, eine Überreizung sein kann. Und vor allem, erklären Sie ihm, dass die meisten

---

5 Céline Alvarez, *Les lois naturelles de l'enfant*, op. cit.

Menschen nicht einmal ein Drittel der Informationen wahrnehmen, die es aufnimmt.

Um sich zu Hause wohlzufühlen, braucht es warme Farben, Ruhe und luftige Räume. Aber überprüfen Sie trotzdem gemeinsam mit ihm, was sein sensorisches System beruhigt: Es könnte genau das Gegenteil von dem sein, was ich Ihnen erzähle. Liane Holliday ist Asperger-Autistin und berichtet in ihrem Buch *Ich bin Autistin*[6], dass sie Pastelltöne und abgerundete Ecken nicht ausstehen kann. Sie braucht kräftige Farben und scharfe Winkel.

Um die Momente der Ruhe und Stille zu vervollständigen, die dem Bedürfnis Ihres Kindes entsprechen, planen Sie Ausflüge in die Natur. Zeit, in der es die Tierwelt und die Flora beobachten kann. In der Natur ist Hochsensibilität kein Problem. Ganz im Gegenteil, das Adlerauge, das Luchsohr und die Trüffelschweinnase sind hier genau richtig und können hier viel erleben. Aber auch hier gilt: Überprüfen Sie gemeinsam mit Ihrem Kind, was seine Sinne erfreut: Michels Sohn, der es nicht mochte, Neoprenanzüge voller Sand anzuziehen, hatte auch eine Insektenphobie. Diese Kinder sind aber so neugierig und wissbegierig, dass ich mir ziemlich sicher bin, dass mit etwas Entomologie und einem Insektenbuch aus dieser Phobie schnell eine Leidenschaft werden könnte.

Synästhesie

Hochsensibilität wird fast immer von einer Synästhesie begleitet. Vier Prozent der Bevölkerung sollen von einer Synästhesie

---

6 Liane Holliday, *Ich bin Autistin – aber ich zeige es nicht. Leben mit dem Asperger-Syndrom*, Verlag Rad und Soziales 2014.

betroffen sein (laut einigen Studien sind es sogar 20 Prozent). Dabei handelt es sich im Grunde um eine Überkreuznutzung der Sinne. Bei den von Synästhesie Betroffenen werden zwei oder mehr Sinne von einem einzigen Stimulus angesprochen. Melissa McCracken zum Beispiel malt Musik, wie sie sie sieht. Sie erklärt es so: »Die Musik, die ich höre, wird übersetzt in einen Strom von Texturen und Farben.«[7] Ihre Leinwände sind farbenfroh, leuchtend und fast klingend. Der berühmte Komponist Jean-Michel Jarre spricht vom »Bildhauen« seiner Musikklänge. Mozart verglich seine Symphonien auch mit Statuen, die er auf einen Blick erkennen konnte.

Manche werden die Synästhesie immer noch als eine »Störung der Wahrnehmung von Empfindungen« darstellen, aber heute sieht die Forschung glücklicherweise die multimodale Sensorik als eine normale Form des Wahrnehmens an. Man geht sogar davon aus, dass alle Kinder bei der Geburt die Verflechtung der Sinne, ihr unbezwingliches Assoziieren erleben und dass diese Erfahrung mit dem Heranwachsen in den Hintergrund gerät, aber eigentlich immer da ist. Ich bin mir sicher, dass wir alle Synästhetiker bleiben: Das, was wir empfinden, wenn wir Kunst betrachten, gehört sicherlich auch in diesen Bereich. Und wer hatte beim Musikhören noch nie eine Gänsehaut?

Als ich Russisch gelernt habe, konnte ich selbst erfahren, wie wichtig es war, meine Farb-Graphem-Synästhesie zu berücksichtigen, um das kyrillische Alphabet lernen zu können. Wenn alle Kinder geborene Synästhetiker sind, könnte es dringend notwendig sein, dass wir das stärker bei Lernstrategien berücksichtigen. Nehmen Sie sich Zeit, um genau hinzuhören, was Ihr Kind Ihnen sagt: Sagt es, dass Montag grün ist, aber Dienstag

---

7 Hier können Sie ihre Arbeiten sehen: www.melissasmccracken.com.

gelb? Dass das B ein dicker Mann ist? Dass die Eins glatt und glänzend ist, aber die Fünf ganz behaart? Nein, es hat keine Wahnvorstellungen, es teilt nur seine synästhetischen Erfahrungen mit Ihnen.

Hochsensibilität ist eher eine Gabe als ein Handicap. Die Reizüberflutung in unserer modernen Welt nicht gut aushalten zu können, sollte eher als ein Zeichen psychischer Gesundheit gelten. Für viele Kleinkinder ist das Kuscheltier ein sinnlicher Zufluchtsort. Das kann es diskret auch für die Größeren bleiben, in Form eines Schals, eines Tuchs oder eines kleinen Maskottchens.

Intensität

Etwa 20 Prozent der Bevölkerung gehören zur großen Familie der Hochsensiblen. Hochsensible Menschen sind sehr empfänglich für alle Zeichen und subtilen Nuancen ihrer Umgebung. Sie fangen die Atmosphäre und die Stimmungsschwankungen der Menschen um sie herum auf. Sie können rasch aus dem Gleichgewicht geraten durch einen Blick, eine Geste, einen Tonfall, aber sie sind genauso schnell begeistert über ein Lächeln oder eine Geste der Freundschaft. Gleich einem Jojo der Emotionen leben sie ihre Beziehungen sehr intensiv. Stress empfinden sie allerdings genauso intensiv, denn sie können sich nicht von den Stimmungen der anderen abgrenzen. Alles scheint sie zu berühren, zu (be)treffen, zu verletzen. Sie können schon in Bezug auf ein kleines Detail oder eine kleine Bemerkung sehr pingelig sein.

Diese Kinder weinen viel, werden wütend, schmollen, ziehen sich zurück, oder, im Gegenteil, sie wirken extrem überreizt und euphorisch in Momenten der Freude oder zu überwältigt von kleinen Aufmerksamkeiten. Sind sie es, die ihr tägliches Leben zu intensiv leben, oder sind es die anderen, die das Dasein auf Erden bis ins Extrem banalisieren? Was ist angemessener: gleichgültig zu bleiben angesichts eines großartigen Sonnenuntergangs oder davon überwältigt zu sein?

In den westlichen Ländern hat Hochsensibilität einen schlechten Stand. Man wird schnell als hysterisch abgestempelt oder als *Drama Queen,* wenn man wirklich ausdrückt, was man fühlt! Es wird erwartet, dass man »sich zusammenreißt« und seine Stimmungen im Griff hat. In unseren Breitengraden wird Hochsensibilität auch als ein Mangel an Männlichkeit dargestellt. Hochsensible kleine Jungen erleben eine echte Tortur auf dem Pausenhof. Die Ablehnung der Sensibilität ist jedoch nur kulturell bedingt und kommt aus den USA zu uns. In anderen Ländern, wie zum Beispiel in Thailand oder Indien, wird Hochsensibilität nicht verunglimpft, auch nicht bei Männern.

Empfindlichkeit

Hochsensiblen Menschen wird vorgeworfen, »krankhaft sensibel auf Kritik zu reagieren«. Man sagt ihnen nach, sie seien zu empfindlich, oder wirft ihnen gleich vor, paranoid zu sein. Offenbar versteht niemand, was sie durchmachen: Sie werden ständig kritisiert, nicht für das, was sie tun, sondern für das, was sie sind. Schlimmer noch, ihnen wird vorgehalten, dass sie schauspielern. Wenn man ihnen sagt, dass sie »übertreiben«, wird impliziert, dass sie es mit Absicht tun, dass sie eigentlich die Kontrolle über das Geschehen haben – und das verstärkt die Demütigung. Niemand könnte eine solche kontinuierliche

Abwertung gelassen mit dem Gleichmut eines Philosophen ertragen. Schließlich stehen hochsensible Menschen permanent am Pranger. Dabei ist Ablehnung Gift für Menschen, insbesondere für Kinder. Das mental hocheffiziente Kind, das ständig kritisiert wird, fühlt sich in Gefahr. »Was wird aus mir, wenn sich niemand um mich kümmern will, weil ich nicht so bin, wie ich sein sollte?«

Da man ihm gerade die spontanen Reaktionen vorwirft, indem man insinuiert, es stecke hinter allem eine Absicht, beginnt das Kind, sich für das zu schämen, was es ist. Also passt es sich übermäßig stark an, gibt sich Mühe, zu gefallen. Es versucht vorauszusehen, was von ihm erwartet wird, und beginnt, sich selbst quasi präventiv zu kritisieren. Dabei fügt es die innere Kritik mit der externen zusammen, was bedeutet: doppelte Dosis und Stereo! So wird es krankhaft empfindlich gegenüber Kritik und muss sich gleichzeitig anhören, es solle die Dinge nicht so persönlich nehmen. Da muss man doch förmlich verrückt werden, oder? Aber wer versteht schon, was so ein Kind durchmacht?

Paranoia

Wer wollte da einem hochsensiblen Kind den Eindruck absprechen, man wolle ihm was? Wenn man immer kritisiert wird, egal, was man tut und trotz aller Bemühungen, kann man tatsächlich den Eindruck bekommen, dass einem die ganze Welt böse ist. Es gibt genug Grund, sich persönlich angegriffen zu fühlen. Dies gilt umso mehr, wenn das Kind nicht darüber informiert wurde, dass es anders funktioniert. Dann muss es davon ausgehen, dass die anderen die gleichen Werkzeuge zur

Verfügung haben, sie aber besser nutzen. Ein hochsensibles Kind ist überaus empfänglich für viele Details, die für andere unbedeutend sind. Aber das weiß es nicht. Es zeichnet alles auf, was gesagt wird, alles, was passiert, und berücksichtigt dies bei all seinen Handlungen. Machen die anderen es nicht ebenso, liegt der Verdacht nahe, dass sie es mit Absicht tun. Wie konnten sie das nicht gesehen und nicht verstanden haben, wieso können sie sich nicht an alles erinnern, was das Kind sich ja sogar spontan gemerkt hat?

Und hinzu kommen all diese widersprüchlichen Informationen, die von den Menschen um ein hochsensibles Kind herum ausgehen. Das Kind nimmt die Ungereimtheiten, die Unaufrichtigkeit, den Mangel an Logik wahr. Es fühlt auch, dass es Dinge gibt, die es nicht versteht: die verfluchten impliziten sozialen Normen. Da sind all diese Punkte, die aber die anderen wissen, verstehen, ahnen, wissen müssen ... wie nur haben sie davon erfahren?

Ganz gleich, was einige Menschen über Hochsensible sagen, und trotz ihrer Wutausbrüche: Diese Kinder sind von Grund auf lieb. Daher sind ihnen bestimmte Verhaltensweisen wie Spott und Bosheit unverständlich. Wenn man aber nicht durchschaut, was geschieht, wenn alles ohne eine Erklärung und Einordnung bleibt und man als Kind immer wieder feststellen muss, dass man unzulänglich ist, kann das dazu führen, Ressentiments gegenüber den anderen zu entwickeln.

Pavel, sechs Jahre alt, nimmt es jedem anderen übel, der ihm widerspricht. Er unterscheidet dabei nicht, ob es absichtlich geschieht oder aus Ungeschick oder Unaufmerksamkeit. Er ist verletzt, wütend und anklagend. Das ist durchaus verständlich, da er bei seinen eigenen emotionalen Reaktionen genauso wenig Milde erwarten darf. Denn alle gehen ständig davon aus, dass er freiwillig reagiert, wie er es nun einmal tut. Wenn er kein Recht hat, Fehler zu machen, warum sollten andere es dann haben?

Um nicht in die Rolle des permanenten Kritikers zu verfallen, muss man in der Lage sein, zu verstehen, was vor sich geht. Das heißt, man muss wissen, wer man ist, wie man funktioniert und wie die anderen funktionieren. So kann man viel mehr verstehen. Deshalb sollte man dem hochsensiblen Kind erklären, dass die anderen nicht das wahrnehmen, was es wahrnimmt, und dass sie sich nicht an so vieles erinnern können. Wenn sie es also durch ihr Verhalten verletzen, tun sie das wahrscheinlich nicht mit Absicht. Sie haben nicht gesehen oder vergessen oder nicht verstanden, was dem Kind so wichtig war. Aber es gibt auch Menschen, die »nicht nett« sind, und es ist wichtig, dass Ihr Kind lernt, echte Böswilligkeit zu erkennen.

Ich glaube nicht daran, dass man über Kritik Verbesserungen erzielen kann. Ich glaube eher an Ermutigungen und Lob.[8]

Damit Ihr hochsensibles Kind die vielen Schuldzuweisungen nicht so nah an sich heranlässt, ist es wichtig, dass es weiß, dass die Norm-Denker alles kritisieren, was außerhalb ihrer Norm liegt. Es gibt im Japanischen ein berühmtes Sprichwort: »Der herausstehende Nagel wird eingeschlagen.« Besser, man lässt den Norm-Denkern ihre Kritikmanie und kümmert sich nicht weiter darum. Als Kind ist es nicht leicht, zwischen böswilliger Kritik, ignoranter Kritik und möglicherweise nützlichem Feedback zu

---

8 Um mit Ihrem Kind einfach, effektiv und effizient über Kritik und Komplimente zu sprechen, finden Sie Anregungen in dem wunderbaren Buch Claude Steiner, *Le Conte chaud et doux des chauds doudous.* InterÉditions 2009, das leider nicht auf Deutsch erschienen ist. Dort erfahren Sie, dass jene, die die beißende Kälte mögen, unter dem Einfluss der bösen Hexe Belzépha stehen, und jene, die die Komplimente mögen, die Freunde von Julie Doudou sind.

unterscheiden. Ihr Kind braucht Ihre Hilfe und Ihr Urteilsvermögen, um zu sortieren und sich das herauszupicken, was ihm möglicherweise etwas bringen könnte.

Wenn Sie Ihr Kind dabei unterstützen wollen, mit sich selbst gut durchs Leben zu kommen, sollte Ihnen klar sein, dass Hochsensible weder unreif sind noch unter einem Gebrechen leiden, und erst recht haben sie keine Schwäche. Wer hat denn festgelegt, dass es falsch ist, zu lieben, enthusiastisch oder empört zu sein? Hochsensible Menschen sind kreativ, gute Beobachter und überaus einfühlsam. Sie können Menschen und Situationen gut entschlüsseln. Sie finden originelle Lösungen. Man sucht gern ihre Nähe, weil sie besonders aufmerksam zuhören. Künstler sind hochsensibel. Das ist eine schöne Eigenschaft!

Hochsensible müssen ihre Sensibilität ausdrücken dürfen: Kunst sowie alle künstlerischen und kreativen Aktivitäten passen gut zu ihnen. Sie brauchen einerseits viel Ruhe und andererseits viel Zeit, um sich abzureagieren. Wenn diese beiden Bedürfnisse respektiert werden und sie mit ihrer inneren Natur ihren Frieden gemacht haben, ebben die emotionalen Aufs und Abs deutlich ab. Ein wichtiger Aspekt ist auch dieser: Um gut mit seiner Hochsensibilität leben zu können, muss man von Menschen umgeben sein, die sie verstehen, sie akzeptieren und, besser noch, sie teilen. Vielleicht sollten Sie aufhören, Ihre eigene Hochsensibilität auszubremsen?

Kapitel 3
Emotionale Stürme

Hyperemotionalität

Eine hochsensible Person erlebt ihre Gefühle zehnmal intensiver als ein Norm-Denker. Das hochsensible Kind wird von regelrechten emotionalen Stürmen heimgesucht. Diese unvorhersehbaren Wirbelstürme sind beängstigend für ein Kind. Es braucht also Eltern, die stabil und ruhig sind, um es zu halten und zu beruhigen, wenn es von seinen Gefühlen überwältigt wird. Neben der emotionalen Krise, die ein Kind durchläuft, muss die erwachsene Bezugsperson ein Leuchtturm im Sturm sein, beruhigend und beschützend. Das bedeutet vor allem, diese emotionalen Wirbelstürme zu empfangen und sie in Worte zu fassen.

Wird eine Emotion ausgesprochen, lässt sie nach. Wenn ich ausdrücken kann, was ich fühle, und wenn jemand mir zuhört, fühle ich mich sofort besser.

Sie haben das Beschriebene bereits selbst erlebt. Machen Sie den Test mit Ihrem Kind. Zum Beispiel: Ein Kind läuft und fällt hin. Es weint. Sie nehmen es in den Arm und machen ihm Vorschläge, um auszudrücken, was es fühlt: »Hast du Angst? Das tut aber auch weh hinzufallen! Und manchmal ist das ärgerlich. Dann schämt man sich. Bist du vielleicht auch wütend?« Wenn Sie den genauen Emotionscocktail ansprechen, den das weinende Kind spürt, wird es *erleichtert* »Ja!« rufen und vielleicht auch sofort aufhören, zu weinen.

Um die Emotionen der Kinder gelassen aufnehmen zu können, muss man jedoch mit seinen eigenen Emotionen im Klaren sein. »Wie soll ich mit der Wut meines Sohnes gut umgehen, wenn ich selbst voller verdrängter Wutgefühle bin? Und wenn es traurig ist, was kann sein Kummer in mir wecken?« Deshalb sollten alle Erwachsenen, vor allem die Eltern und Lehrer, gut an sich selbst gearbeitet haben und geschult darin sein, mit Emotionen umzugehen. Sonst verlangen wir von Kindern, ihre Emotionen zu beherrschen, wozu wir selbst gar nicht fähig sind. Wir sollten ihnen als Beispiel dienen können, nicht indem wir unsensible Roboter sind und uns völlig unter Kontrolle haben, sondern im Gegenteil, indem wir unsere Emotionen mit Wohlwollen annehmen, statt sie zu leugnen und zu unterdrücken. Wenn wir als Eltern die eigenen Emotionen kennen, sie nicht verbergen und über sie sprechen, bedeutet das, unseren Kindern einen ausgeglichenen und authentischen Erwachsenen zu zeigen. Das ist ihr primäres Bedürfnis.

Sie können mein Buch *Émotions, mode d'emploi*[1] zurate ziehen, um daran zu arbeiten, Ihre Emotionen besser zu verstehen und anzunehmen. Dieses kleine Buch ist einfach und konkret genug, dass Sie den Inhalt leicht mit Ihren Kindern teilen können. Der Zeichentrickfilm *Vice-versa – Inside Out*[2] ist auch ein ausgezeichneter Ansatz, um sich dem Umgang mit den Emotionen zu nähern. Er ist ebenfalls für kleine Kinder geeignet und kann eine gute Ausgangsbasis sein, um die Diskussion zu eröff-

---

1 Christel Petitcollin, *Émotions, mode d'emploi*, Éditions Jouvence 2003.

2 *Vice-Versa – Inside-Out* ist ein Disney-Studios-Zeichentrickfilm aus dem Jahr 2015. 2016 gewann er den Oscar in der Kategorie bester Zeichentrickfilm.

nen. Sobald Sie selbst gut mit ihren Gefühlen umgehen können, sind Sie ein belastbarer Pfeiler und können Ihr Kind auf dem Weg begleiten, mit den eigenen umgehen zu lernen.

Wenn es um mental hocheffiziente Kinder geht, kommen beim Emotionsmanagement einige Besonderheiten hinzu, auf die ich in dem Buch *Émotions, mode d'emploi* allerdings nicht eingegangen bin.

Traurigkeit und Depression

Achten Sie auf den Unterschied zwischen Traurigkeit und Depression.

Die Traurigkeit ist ein Archivierungsmechanismus: Wenn ich traurig bin, heißt das, dass ich um etwas »trauere«. Während des Sonntagabend-Blues etwa archiviere ich das, was am Wochenende passiert ist. Jedes Mal, wenn Sie traurig sind, können Sie sich fragen, welcher Prozess gerade zu Ende geht. In welchem Bereich meines Lebens räume ich gerade auf? Nebenbei gesagt: Man kann nur traurig sein über etwas, das Freude bereitet hat. Wenn Ihr Wochenende furchtbar war, werden Sie keinen Sonntagabend-Blues haben. Demnach verhält sich die Traurigkeit notwendigerweise proportional zu der zuvor angesammelten Freude. Das tröstet ein bisschen über große Trauer hinweg.

Das mental hocheffiziente Kind empfindet aber eine viel philosophischere Traurigkeit. Es kann traurig sein, weil es zu wenig Liebe auf diesem Planeten gibt, weil wir die Tiere und die Natur schlecht behandeln, weil einer seiner Freunde seinen Hund verloren hat usw. Was auch immer der Grund für seine Traurigkeit sein mag, sie beeinträchtigt nicht seine Lebenslust. Es reicht, wenn sie seine Gefühle annehmen und ihnen erlauben, da zu sein. Sagen Sie Ihrem Kind: »Das ist wirklich traurig.« Ist das Gefühl ausgesprochen, setzt Erleichterung ein. Das Kind kann sich auf etwas anderes konzentrieren.

Die Depression hat bei einem mental hocheffizienten Kind meist einen anderen Hintergrund, etwa dass es sich langweilt oder gemobbt wird. Das ist keine gesunde und normale Traurigkeit. Sobald sein Gehirn nichts zu tun hat, mahlt es im Dunklen, es grübelt, und das Leben verliert seine primäre Bedeutung: zu lernen und kreativ zu sein. Dieses Deprimiertsein sollte man beobachten; vielleicht kann es aber auch leicht bekämpft werden: Oft reicht es, die Neugier des Kindes zu nähren, und seine Lebensfreude kehrt zurück.

Bei der Depression ist ein weiteres Stadium erreicht, denn hier geht die Lebenslust verloren, und das sollte sehr ernst genommen werden. Eine Depression entsteht bei Kindern meistens als direkte Folge von Mobbing in der Schule. In den nächsten Kapiteln gehe ich genauer auf die Themen Langeweile und Mobbing ein.

Angst

Mental hocheffiziente Kinder haben viele Ängste. Das lässt sich zum Teil auf ihre große Vorstellungskraft zurückführen, aber auch darauf, dass sie sich viel früher und klarer als andere Kinder der Sterblichkeit bewusst werden. Sie sind zudem sehr intelligent und lassen sich nicht mit ein paar beruhigenden Worten abspeisen.

Sie haben verstanden, dass nichts im Leben ohne Risiko ist und der Mensch nicht alle Parameter seines Schicksals kontrollieren kann. Darüber hinaus fühlen sie sich von Erwachsenen nicht ausreichend stabilisiert und sind überwältigt von der Erkenntnis dessen, was sie sind. Diese Unsicherheit erklärt zu einem großen Teil ihre Kontrollwut und ihre Angst, die sie dazu bringt, immer alles voraussehen zu wollen. Sie haben das Gefühl, auf sich allein gestellt zu sein, wenn es darum geht, mit der Frage umzugehen, wer sie sind.

Viele Menschen spielen gern mit ihren Ängsten: Sie mögen Krimis, Thriller, Achterbahnen oder Extremsportarten. Mental hocheffiziente Kinder spielen nicht einfach so mit ihren Ängsten.

Sie gehen davon aus, dass sie sie überwinden und sich selbst beherrschen lernen könnten, indem sie sich ihnen stellen. Sie sind aber viel zu empfindlich für eine solche Konfrontation. Ich habe viele mental hocheffiziente Kinder kennengelernt, die sich selbst traumatisiert haben. Die Bilder, denen sie sich stellen wollten, um ihre Ängste zu überwinden, verfolgten sie bis in ihre Albträume. Es ist wichtig, ihnen beizubringen, zwischen rationalen und irrationalen Ängsten zu unterscheiden. Rationale Ängste weisen auf eine objektive Gefahr hin, vor der man sich tatsächlich schützen muss. Irrationale Ängste sind ausgeklügelte mentale Konstrukte, die niemals in der Form eintreffen, wie man sie sich vorgestellt hat. Irrationale Ängste sind Filme, die wir produzieren. Es reicht, den Film zu ändern, oder noch besser, sein Gehirn mit spannenderen Aktivitäten zu beschäftigen. Aber es ist besonders wichtig, dem Kind durch konkretes Handeln zu zeigen, dass man da ist, um es zu halten und zu beschützen. Das ist es, was seine Ängste am besten lindert.[3]

---

3 Christel Petitcollin, *Bien communiquer avec son enfant*, Éditions Jouvence 2003.

Wut

Das mental hocheffiziente Kind hat vor allem dann Wutausbrüche, wenn sein sensorisches System misshandelt wird, überreizt ist oder überfordert, das heißt, wenn es nicht mehr kann. Wir haben gesehen, dass ein wenig Ruhe und Alleinsein schnell wirken und dass ein rücksichtsvoller Umgang mit seiner Hochsensibilität die Wutausbrüche beim Kind begrenzen kann.

Der andere, nicht aufzuhaltende Auslöser der Wut ist das Gefühl der Ungerechtigkeit. Es ist sehr stark und tief verwurzelt (später im Buch geht es noch genauer darum).

Im Prinzip ist Wut ein gesundes und natürliches Gefühl, das es erlaubt, sich zu wehren, Grenzen zu setzen und sich Respekt zu verschaffen. Leider lernt das mental hocheffiziente Kind schnell, die eigene Wut zu unterdrücken – aus Angst vor Konflikten, aus Angst, die Nähe zu verlieren, aber auch wegen der Gewissheit, die sich in ihm festsetzt, dass mit ihm selbst etwas nicht stimmt und nicht mit den anderen. Die aufgestaute Wut macht aus dem Kind einen Schnellkochtopf, der plötzlich explodieren kann.

Viele mental hocheffiziente Erwachsene haben überhaupt keinen Zugang mehr zu ihrer Wut. Das ist sehr ärgerlich, denn Wut ist der Garant für unsere Integrität.

Es liegt an den Eltern, ihrem Kind beizubringen, dass Wut legitim sein kann und dass sie gut gehandhabt werden kann, wenn sie ab dem Moment der Gereiztheit berücksichtigt wird. Man kann sie ruhig und entschlossen durch einfache Sätze ausdrücken wie: »Genug, das reicht! Sie fangen an, mir auf die Nerven zu gehen. Ich erlaube Ihnen nicht ...«

Schuld

Bei mental hocheffizienten Kindern nimmt Schuld zwei Hauptformen an. Es sind sehr reife Kinder und sie haben ein großes Verantwortungsbewusstsein. Sie sorgen sich um alles, was um sie herum vorgeht, ja sogar um die ganze Welt. Sie fühlen sich schuldig wegen ihrer Ohnmacht, die sie als Passivität ansehen. Sie würden gerne handeln können ... aber sie haben nicht die Mittel, denn sie sind von den Erwachsenen abhängig.

Ein Mittel gegen dieses Schuldgefühl ist, wieder bescheiden zu werden, sich selbst die Zeit zum Wachsen zuzugestehen und sich zu sagen, dass man eines Tages schon seinen Beitrag leisten wird. So wie der kleine Kolibri aus einer amerikanisch-indianischen Legende, die der Umweltschützer Pierre Rabhi erzählt: Eines Tages gab es einen großen Waldbrand. Alle Tiere waren verängstigt und beobachteten machtlos die Katastrophe. Nur der kleine Kolibri wurde aktiv, er flog los, holte mit seinem kleinen Schnabel ein paar Wassertropfen und warf sie ins Feuer. Nach einer Weile sagte das Gürteltier, das von dieser lächerlichen Aktion des Kolibris genervt war: »Kolibri! Bist du denn verrückt? Mit diesen Wassertropfen wirst du das Feuer nicht löschen!« Und der Kolibri antwortete: »Das weiß ich, aber ich leiste meinen Beitrag.«

Gewiss, es gibt viel Leid auf der Welt. Aber es gibt auch viel Schönheit, echte Wunder und großartige Menschen. Das Schlimmste und das Beste liegen dicht beieinander. Wir können nicht das ganze Elend der Welt auf unseren Schultern tragen und wir können ihm gegenüber auch nicht gänzlich gleichgültig bleiben. Aber wir können uns die Art und Weise, wie wir uns einbringen wollen, aussuchen, in aller Bescheidenheit, je nach unseren Kräften und Möglichkeiten. Das kann in Form bewussten Konsums geschehen, durch Boykotte oder indem man sich für eine oder zwei Sachen einsetzt. Sehr viel mehr können wir aber nicht tun, sonst verzetteln wir uns und erschöpfen. Und was vor allem wichtig ist: Dass jeder von uns seinen Tropfen gute Laune mitbringt, damit wir dem kollektiven Klagen etwas entgegenhalten können. Wenn wir uns um uns selbst und unsere eigene Stimmung kümmern, haben wir damit die Welt ein Stück schöner gemacht. Erklären Sie Ihren Kindern Ihre Werte, erzählen Sie ihm von Ihrem Engagement, Ihrem Handeln. Es wird sie beruhigen, zu sehen, dass ihre eigenen Eltern bereits ihren Kolibri-Anteil durch tägliche kleine Gesten leisten.

Die andere Form, in der mental hocheffiziente Kinder Schuld verarbeiten, ist häufig Perfektionismus. Sie erwarten sehr viel von sich selbst und fühlen sich schuldig, weil sie das Perfektionsniveau, das sie anstreben, nicht erreichen. Auch hier muss man ihnen helfen, eine vernünftige Erwartungshaltung zu finden. Ich werde darauf noch zurückkommen.

Scham

Wir empfinden Scham, wenn uns jemand verächtlich anschaut. Wir empfinden sie, nachdem wir schlecht behandelt, verspottet, missbraucht oder belästigt worden sind. Ununterbrochene Kritik und Schuldzuweisungen, die ein mental hocheffizientes Kind zu hören bekommt, weil es so ist, wie es ist, sind an sich schon übergriffig und eine Form von Missbrauch. Das Spotten der Mitschüler ist das Eine, es kann sich noch Schulmobbing dazugesellen. Ihr Kind ist am besten gegen Schamgefühle geschützt, wenn Sie Ihm erlauben, stolz auf sich selbst zu sein.

Frust

Der Frust ist bei mental hocheffizienten Kindern immens. Er ist so groß wie ihre geistigen Fähigkeiten, die nur deshalb eingeschränkt sind, weil sie in einem irdischen Körper gefangen sind. Zwischen dem inneren Reichtum, der Schnelligkeit ihres Denkens und dem Realitätsfilter tut sich ein großer Abgrund auf! Auch dies schlägt sich in Ungeduld und Entmutigung nieder. Erklären Sie Ihrem Kind, dass die (zu hohen) Erwartungen nur zu Enttäuschungen führen.

Erklären Sie ihm, wie ein kreativer Prozess funktioniert: Der Traum (riesig) muss zu einem (realistischeren) Projekt werden und dann in den Akt des Handelns (sehr konkret) übergehen. Das ist der Weg, wie Entscheidungen gefällt werden, was auch eine Form von Trauerarbeit ist. Am Ende ist dann das, was nur ein Gedanke, ein Entwurf war, real geworden. Nennen Sie dem Kind Beispiele: Dichter, Musiker, Architekten, die alle den Mut hatten, die eigenen Vorstellungen mit der Realität zu konfrontieren, damit anschließend wir ihren Traum mit ihnen teilen können.

Freude

Glücklicherweise ist das mental hocheffiziente Kind vor allem hochbegabt für die Lebensfreude. Wenn man ein so zartes und zugleich starkes sensorisches System hat, kann man alles, was das Leben Schönes, Melodiöses, Köstliches und Sinnliches zu bieten hat, voll aufnehmen. Helfen Sie Ihrem Kind, diese außergewöhnliche Begabung zur Lebensfreude zu pflegen.

Hyperaffektivität

In meinen Vorträgen versuche ich, zu veranschaulichen, wie Hyperaffektivität funktioniert. Ich dachte immer, sie ginge völlig an der Biologie vorbei. Vor Kurzem habe ich aber erfahren, wie wahr sie ist, sowohl auf der metaphorischen als auch auf der physischen Ebene. Ich erkläre, dass bei mental Hocheffizienten die Information durch das Herz geht, bevor sie ins Gehirn gelangt. Und tatsächlich entdeckte die Wissenschaft, dass es mehr Neuronen gibt, die vom Herz zum Gehirn wandern als umgekehrt, und dass das elektromagnetische Feld des Herzens viel größer ist als das des Gehirns.

Von dieser Erkenntnis ausgehend, eröffnen sich zwei Möglichkeiten:

- Entweder das Herz ist offen, und das Kind ist voller Vertrauen, es mag die Person und ist einverstanden mit der Information, die bei ihm ankommt. Dann wandert die Information von allein zum Gehirn und wird verstanden und ganz einfach gespeichert.
- Oder das Herz ist aus verschiedenen Gründen verschlossen – es liegt viel Stress in der Luft, es läuft eine Stoppuhr, der Gesprächspartner ist unangenehm oder die Information uninteressant –, sodass die Information unmöglich ins Gehirn gelangt. Es kann kein Verstehens- oder Speichermechanismus angekurbelt werden.

Das Herz ist also tatsächlich das zentrale Organ des mental hocheffizienten Gehirns, und es beeinflusst alles, was das hochsensible Kind erlebt. Diese Kinder sind sehr emotional und werden es auch bleiben. Sie brauchen Liebe. Aber was für eine Schande!

Wie konnte sich der Mensch so sehr von seiner inneren Natur abkoppeln, dass er das Bedürfnis nach Liebe als ein Zeichen von Unreife und Schwäche ansieht? Zumal diese Kinder nicht nur anhänglich sind, um die Zärtlichkeit ihrer Eltern aufzusaugen; sie haben genauso viel zu geben, sogar viel mehr. Ihre Fähigkeit, zu lieben, ist immens. Warum ist es ein solcher Störfaktor in unserer Gesellschaft, wenn Menschen so sehr lieben können?

Darüber hinaus haben wir gleichermaßen an Gemeinschaftssinn verloren und den Individualismus als absoluten Wert gesetzt, sodass wir die Freude des Einanderhelfens vernachlässigt haben, die Schönheit des Teilens und das Vergnügen, sich umsorgt zu fühlen. Glücklicherweise verändert sich gerade einiges in der Gesellschaft, hauptsächlich dank des Internets. Junge Menschen stören sich an der aktuellen Wirtschaftsordnung: Sie tauschen untereinander Wohnungen, teilen sich Autos, Leihen sich Gegenstände aus, statt sie zu kaufen, oder sie wohnen in Wohngemeinschaften usw. Ja, die Liebe ist ein Wert. Ihr Kind hat das Recht, diesen Wert hochzuhalten. Ermutigen Sie es darin.

Hyperempathie

Hochsensibilität macht auch hyperempathisch. Der Begriff »Empathie« wird hierbei nicht als »mitfühlen« verstanden, sondern eher im Sinne eines »emotionalen Überfalls«. Da das mental hocheffiziente Kind zu sehr auf das Äußere konzentriert ist, da es zu sehr versucht, die anderen zu verstehen, dabei aber zu sensibel und zu emotional ist, wird es von den Informationen förmlich überwältigt, die auf es eindringen. Das Zuviel an Empathie kann traurig, ängstlich oder sogar agoraphobisch machen. Das ist das Los vieler Hocheffizienter.

Hyperempathie kann zu einem echten Handicap werden. Wenn sie im automatischen Modus arbeitet, passt sich die eigene Stimmung systematisch und unwillentlich an die des Gegenübers an. Sie fusioniert buchstäblich mit ihr. Diese Hyperempathie verwandelt die mental hocheffiziente Person in ein Chamäleon ohne eigene Persönlichkeit; sie übernimmt unreflektiert die Ansichten der Menschen in ihrer Umgebung. Das bringt sie in existenzielle Abhängigkeit von den anderen, und die Gefühle, die sie hat, sind nicht die eigenen.

Das ist einer der Gründe, warum es enorm wichtig ist, dass hochsensible Kinder lernen, wie Gefühle funktionieren. Das Kind muss:

- Gefühle und ihre Funktion verstehen, um ihnen im Allgemeinen zuzugestehen, dass es sie gibt,
- seine eigenen Gefühle erkennen, mit ihnen umgehen und sie ausdrücken können, um sie von den Gefühlen der anderen unterscheiden zu können,
- den anderen das Recht geben, Gefühle zu haben, ohne sie automatisch aufzusaugen.

Mental hocheffiziente Kinder – zu empathisch, mit einem zu großen Verantwortungsgefühl und empört über jede Form von Ungerechtigkeit – übernehmen schnell die Rolle des Retters. Dadurch können sie leicht in destruktive Beziehungsmuster geraten wie im Modell des Dramadreiecks (Opfer-Täter-Retter).[4]

---

[4] Christel Petitcollin, *Victime, bourreau, sauveur, comment sortir du piège*, Éditions Jouvence 2011.

So kommt es, dass einige mental hocheffiziente Schüler aus der Sekundarstufe, die »zu« mutig, »zu« einfühlsam und ein bisschen naiv sind, sich in ziemlich üble Geschäfte hineinziehen lassen. Angeheizt von einem falschen Opfer, das sich für einen Affront rächen wollte, werden sie zu seinem bewaffneten Arm und verfolgen am Ende einen Unschuldigen.

Eines sollte ganz klar und deutlich sein: Wenn es wirklich ernst wird, müssen Erwachsene herangezogen werden. Ein Kind kann eine gefährliche Situation nicht auflösen. Man kann das Gesetz nicht in die eigenen Hände nehmen. Erzählen Sie ihm Geschichten, in denen der Retter in einer Situation feststeckte, die nicht so war, wie sie schien.

Um die eigene Empathie zu kontrollieren und nicht in die Rolle des Retters zu fallen, muss man lernen, Abstand zur Situation zu gewinnen, und sie nicht danach zu beurteilen, wie sie auf den ersten Blick zu sein scheint. Das bedeutet »niemals mit heißem Kopf agieren«. Das ist eine große Herausforderung für mental Hocheffiziente, auch für Erwachsene! Sie müssen lernen, zwischen Mitgefühl und Mitleid zu unterscheiden. Es gibt professionelle Opfer, die es lieben, bemitleidet zu werden, und die die anderen durch ihre Beschwerden manipulieren. Es gibt auch Menschen, die leiden, die Probleme haben, sie aber nicht zur Schau stellen. Jeder muss sich selbst in die Lage bringen, die eigenen Probleme zu lösen. Wir müssen nicht Sachen für andere machen. In dem Film *Oui, mais ...*[5] erzählt der Psychotherapeut, gespielt von dem bekannten französischen Schauspieler Gérard Jugnot, seiner jungen Klientin die folgende Geschichte: Beim Spazierengehen sieht ein Mann am Wegesrand, wie ein Schmet-

[5] *Oui, mais ...* ist ein französischer Film von Yves Lavandier aus dem Jahr 2001.

terling gerade schlüpft. Es wirkt so, als hätte der Schmetterling große Schwierigkeiten, sich aus der Puppe zu befreien. Der mitfühlende Mann hilft ein bisschen nach, indem er die Puppenhülle leicht aufbricht. Da der Schmetterling seine Flügelmuskel nicht trainiert hat, weil er sich nicht selbst befreit hat, kann er nicht wegfliegen. Dieses Beispiel zeigt, dass wir, indem wir anderen helfen wollen, sie häufig daran hindern, sich selbst zu helfen. Das bedeutet, man muss lernen, den anderen das Recht zuzugestehen, dass es ihnen schlecht geht, dass sie leiden, wütend oder müde sind, Sorgen haben, dass sie leben und selbst ihre Probleme überwinden. Alles, was sie brauchen, ist, dass man da ist und ihnen sagt: »Kopf hoch, du schaffst das.« Um Ihr Kind endgültig davon zu überzeugen, die anderen ihre Probleme ruhig selbst lösen zu lassen, können Sie abschließend sagen: »Du selbst magst es auch überhaupt nicht, wenn man Sachen an deiner Stelle macht! Genauso ist es bei den anderen auch!«

> *Das Problem ist: Wenn man einfühlsam ist, hat man auch Mitleid mit den Arschlöchern.*
>
> *Facebook-Zitat (man hat die Quellen, die man hat ...)*

Das ist leider wahr. Die meisten mental hocheffizienten Kinder haben nicht einen Funken Boshaftigkeit in sich, urteilen nicht über andere und haben keinerlei rachsüchtige Reflexe. Sie haben Mitleid mit den boshaften Kindern, weil sie glauben, dass diese unglücklich sind. Um ihnen zu helfen, sich zu positionieren, müssen die mental Hocheffizienten lernen, zwischen der Person und ihrer Handlung zu unterscheiden und inakzeptable Handlungen zu verurteilen. Appellieren Sie an ihren Gerechtigkeitssinn. Niemand muss Bosheiten ertragen, Punkt. Erklären Sie Ihrem Kind, dass die Person, die gemein sein darf, dadurch nicht weniger unglücklich ist. Es muss auch aufhören, die eigenen Werte auf andere zu übertragen. Es denkt: »Mir an seiner Stelle würde es wirklich schlecht gehen!« Ja, aber bei dem anderen ist es nicht so. Der Beweis: Du würdest es nicht tun, und er hat es getan. Also hat er nicht die gleichen Codes wie du. Noch einmal: zu verstehen, dass sie anders sind, dass die anderen nicht genau so funktionieren wie sie, ermöglicht es diesen Kindern, beim Einfühlen Unterschiede zu machen.

Um nicht noch mehr darunter zu leiden, geht das mental hocheffiziente Kind emotional auf Abstand. Man wird ihm dann vorwerfen, dass es unsensibel, kalt und gleichgültig ist. Was auch immer es versucht, um sich an das anzupassen, was von ihm erwartet wird, es wird erneut danebenliegen! Bevor man ihm beibringt, Gesichtsausdrücke zu deuten, sich um die Reaktionen und Gefühle der anderen zu sorgen, stellen Sie sicher, dass es unterscheiden kann zwischen sich selbst und dem anderen und dass es nicht wieder wie ein Schwamm alles aufnimmt.

Um mit diesem »zu« großen Einfühlungsvermögen gut umgehen zu können, müssen Sie Ihrem Kind schließlich nur noch beibringen, was der Dalai Lama sagt: »Wenn dein Mitgefühl dich selbst nicht einschließt, ist es unvollständig.«

Mäanderndes Denken

Neben der Hochsensibilität ist das zweite Merkmal von Menschen, die zu viel denken, das mäandernde Denken. Ich spreche in meinen Büchern *Ich denke zu viel* und *Je pense mieux* sehr ausführlich über die Eigenheiten dieses komplexen und übersprudelnden Gehirns. Wenn Sie sich in dieses Thema vertiefen möchten, empfehle ich Ihnen die Lektüre.

Im Folgenden erkläre ich Ihnen, was Sie darüber wissen müssen, um es Ihrem Kind in einfachen Worten vermitteln zu können: Das Gehirn der meisten Menschen funktioniert linear. Das heißt, die Gedanken folgen in einer logischen und linearen Abfolge aufeinander. Das Bild, das dieses Denken am besten veranschaulicht, ist »der Zug der Gedanken«: Jeder Gedanke ist ein Waggon des Zuges. Man kann auch das Bild eines Seils mit vielen Knoten verwenden, das ist auch sehr sprechend: Die denkende Person folgt seiner Logik wie den einzelnen Knoten des Seils; jeder Knoten ist eine Idee, die im Zusammenhang mit der vorherigen steht.

Im Kopf einer mental hocheffizienten Person sieht es anders aus: Die Ideen sind sternförmig abgehende Verästelungen. Jede Idee öffnet die Tür für zehn neue Ideen, die wiederum die Tür zu zehn weiteren Ideen öffnen usw. Daher kommt der Begriff »mäanderndes Denken«. Es wird auch »komplexes Denken« genannt, weil all diese Gedanken wie in einem mentalen Spinnennetz miteinander verknüpft sind. Wenn ich diesen Mechanismus erkläre, sagen mir manche: »Ja, so ist es, meine Gedanken kommen aus allen Richtungen und bringen wieder andere mit. Genauso ist es!« Andere sagen: »Zehn weitere neue Gedanken, die aufploppen? Sie sind weit davon entfernt! In meinem Kopf ist es wie bei einem Feuerwerk! Es knallt und flackert von allen Seiten!« Das Niveau der mentalen Komplexität ist daher von Person zu Person sehr unterschiedlich. Bei manchen sprudelt es wirklich ohne Unterlass!

Wie unterscheiden sich diese Denkweisen in ihrer Funktion? Nun ja, ein »Zug der Gedanken« kann an sein Ziel kommen: »Ich bin meiner Logik gefolgt. Ich habe eine Lösung gefunden. Ich schließe die Akte.« Wer linear denkt, kann auch mal aufhören, zu denken! Deshalb sagen Norm-Denker oft unbedarft: »Denk nicht mehr daran!«, als ob das so einfach wäre und mental Hocheffiziente absichtlich weitergrübeln. Bei einem mäandernden Denken gibt es leider keinen Pausenknopf. Man kann den Stecker nicht ziehen, auch wenn viele mental Hocheffiziente davon träumen. Da jeder Gedanke die Tür zu zehn neuen Ideen öffnet, die noch mehr Möglichkeiten eröffnen, ist der Prozess endlos. Außerdem sind in einem hocheffizienten Gehirn die Lösungen nie einzigartig, und es ist nicht einfach, eine auszuwählen, die besser ist als die anderen. Sobald man glaubt, sich entschieden zu haben, stellt das Gehirn die Lösung infrage und beginnt wieder mit der Erforschung der verschiedenen Möglichkeiten, um zu sehen, ob nichts vergessen wurde. Und prompt galoppiert das Denken wieder los. Der ständige Zweifel ist ein Anzeiger für ein hocheffizientes Gehirn.

Wenn man einem verknoteten Seil folgt, kann man sich nicht in seinen Ideen und in seiner Argumentation verlieren. Es ist selten, dass ein Norm-Denker sich nicht mehr erinnert, worum es ging. Es sei denn, er ist im Gespräch so oft abgeschweift, dass er den Faden verloren hat. Man kann sich jedoch im mentalen Spinnennetz völlig verlieren, sich nicht an die ursprüngliche Idee erinnern, nicht mehr wissen, wie man an diesen Punkt gelangt ist, und warum man gerade darüber spricht. Mental Hocheffiziente beginnen mit einer Idee, lassen sich von ihr treiben und finden sich ganz woanders wieder. Dass ist für Norm-Denker sehr verwirrend. Sie verstehen einige »Off-Topic«-Kommentare nicht und denken, dass das Gesagte des mental Hocheffizienten keinen inneren Sinnzusammenhang hat.

Lineares (sequenzielles Denken) ist logisch und methodisch, aber es zerstückelt, trennt und denkt in Schubladen. Es kann nicht zusammensetzen, mischen und verschmelzen. Da es keine Querverbindungen zwischen Informationen zieht, für die es keinen Bezug zu sich selbst sieht, fehlt es dieser Form des Denkens an Kreativität. Beim mäandernden Denken finden ständig Assoziationen zwischen den Ideen statt. Das ist es, was dieses Denken so originell und kreativ macht.

Der letzte Unterschied zwischen diesen beiden Denkweisen liegt in ihrem Zeitmanagement und der Art und Weise, wie sie die Arbeit organisieren. Lineares Denken ist zeitbasiert, ist also in der Gegenwart verankert und behandelt eine Sache nach der anderen: chronologisch. Seine Hyperspezialisierung veranlasst den linear Denkenden dazu, alle Aufgaben der gleichen Art »der Reihe nach« zu erledigen. Das gilt in unserer Gesellschaft auch als der effizienteste Organisationsprozess: der »Taylorismus«.[6] Aus der Sicht der Hocheffizienten ist es aber auch der langweiligste!

Um effizient sein zu können, braucht ein mental Hocheffizienter die Freude am Überraschungsmoment. Deshalb mag man ihn für verstreut und ineffizient halten, was nicht unbedingt der Fall ist. Wie ein Jongleur ist er nämlich in der Lage, mit all seinen Bällen gleichzeitig zu hantieren, und die Anspannung, keinen von ihnen fallen zu lassen, versetzt ihn in einen Zustand der Wachsamkeit, der größer ist als die einfache Konzentration, die man von ihm erwartet. Er wird im Grunde auch effizienter als »Taylor«, aber seine Produktivität ist viel schwieriger zu messen. Angenommen, Sie haben zwei Mitarbeiter mit je einem Stapel von zehn zu bearbeitenden Akten an die Arbeit gesetzt. Der Erste nimmt sie sich der Reihe nach vor und hat am Ende des Tages sechs abgeschlossen. Der andere Arbeitnehmer arbeitet

---

[6] Der Taylorismus geht auf Frederick W. Taylor zurück. Er begründete die Prozesssteuerung von Arbeitsabläufen: u.a. extrem detaillierte und zerlegte Arbeitsabläufe, detaillierte Zielvorgaben, die Annahme, es gäbe nur »one best way«.

gleichzeitig an allen und hat am Abend mit allen zu 70 Prozent abgeschlossen. Objektiv gesehen, hat er mehr gearbeitet als sein Kollege. Aus der Sicht des Arbeitgebers hat er jedoch nicht viel geschafft, weil keine der Akten abgeschlossen ist. Es ist wichtig, den mental hocheffizienten Kindern diesen Aspekt zu erklären: Sowohl am Arbeitsplatz als auch in der Schule geht es weniger ums Arbeiten, sondern eher darum, auf quantifizierbare Weise zu zeigen, dass man gearbeitet hat.

Ist die eine Funktionsweise besser als die andere? In seinem Buch *Le Retour des zappeurs*[7] vergleicht Dominique Dupagne zwei sowohl brillante als auch berühmte Erfolgsgeschichten: die von Bill Gates und Steve Jobs. Steve Jobs ist für ihn »quasi die Karikatur« eines Zapplers – er hatte einen furchtbaren Charakter, hat aber auf phänomenale und beispiellose Weise Neuland betreten. Ihm verdanken wir unter anderem den iPod, das iPad, die Pixar-Studios und die Idee, die Datenträger zu entmaterialisieren. Dominique Dupagne betrachtet Bill Gates als das Gegenteil von Steve Jobs. Gates hat nichts erfunden, was einen Bruch mit dem bereits Bestehenden darstellt, und sein Erfolg verdankt sich im Wesentlichen einer brillanten politischen und kommerziellen Strategie, die weltweit die Hegemonie der Microsoft-Produkte durchgesetzt hat. Dominique Dupagne fasst zusammen: »Steve Jobs, der Visionär, Bill Gates, der Manager – zwei Wege zum Erfolg.«

Einem Kind, das mäandernd denkt, muss man all diese neurologischen Merkmale erklären, damit es sich selbst verstehen kann. Ja, sein Gehirn ist hypersensibel, hyperemotional, hyperaffektiv und übersprudelnd, und das ist gut so!

---

[7] Dominique Dupagne, *Le Retour des zappeurs,* op. cit.

Kapitel 4
Aus der Praxis

Mental hocheffiziente Kinder brauchen vor allem einen Erwachsenen, der sich die Zeit nimmt, um ihnen zu erklären, wer sie sind, wie sie funktionieren und inwiefern sie anders sind. Diese Offenbarung wirkt Wunder. Jedes Mal, wenn ich das gemacht habe, haben mir die Eltern gesagt, ihr Kind sei wie verwandelt.

Ein Workshop mit »hyperaktiven« Kindern

In der Schweiz machte ich mit zehn als »hyperaktiv« geltenden Kindern eine wichtige Erfahrung. Auf Initiative von Claude-Hélène, einer Sonderschullehrerin, habe ich einen Workshop in einer Grundschule veranstaltet. Zehn Kinder im Alter zwischen sieben und vierzehn Jahren haben daran teilgenommen. Das Ziel bestand darin, sie in die Lage zu versetzen, mit ihrer Hyperaktivität so gut wie möglich umzugehen.

Ich stand am Eingang des Mehrzweckraums der Schule und begrüßte sie nacheinander, in der Reihenfolge, in der sie hereinkamen, und begann, sie zu beobachten. Simon, sieben Jahre alt, war ein kleines Energiebündel. Fröhlich, lebendig, sprudelnd und ein absoluter Dinosaurierfan. Er konnte alle Dinosaurierarten aufzählen und sprach von nichts anderem! Mathieu, zehn Jahre alt, neckte ihn gutmütig, indem er ihm erzählte, es gäbe noch einen Dinosaurier (dem er einen gelehrt klingenden

Namen gab), den Simon nicht kannte. Simon wurde wütend und schrie: »Ich sage dir, dass ich alle Dinosaurier kenne! Den gibt es nicht!« Mathieu ritt aber weiter darauf herum, einfach weil er Lust hatte, Simon zu ärgern, aber Simon ließ nicht locker. Unterdessen traf Ludovic ein, 14 Jahre alt, finsterer Blick, die Kiefer zusammengepresst. Ich begrüßte ihn und versuchte, ihm ein willkommenes Gefühl zu geben: »Hallo, Ludovic. Weißt du, warum du hier bist?« – »Ja«, antwortete Ludovic wütend, »ich bin hier, weil ICH ein Problem bin!« Dann kam Marie, ein junges Mädchen, bei dem ein Aufmerksamkeitsdefizit diagnostiziert wurde und das große Probleme in der Schule hatte; sie wirkte sehr zurückgezogen. Dann kamen Chloe, Nathan usw.

Als alle da waren, setzten wir uns auf Stühle, die im Kreis aufgestellt waren, und ich begann, diesen zehn Kindern zu erklären, warum sie als »hyperaktiv« bezeichnet wurden. Im Grunde hatte ich mich entschieden, ihnen einfach den Inhalt meines Buches *Ich denke zu viel* zusammenzufassen. Ich habe ihnen von einem Gehirn erzählt, das anders funktioniert, und habe begonnen, das System ihrer Sinneswahrnehmung detailliert zu beschreiben.

»Ihr seid ›hochsensibel‹«, erklärte ich. »Das bedeutet, dass eure fünf Sinne stärker entwickelt sind als bei den Durchschnittsmenschen. Ihr seht zum Beispiel sehr viel mehr, weil ihr einen ausgeprägteren Sinn fürs Detail habt.« Simon rief lebhaft: »Zu Hause nennen sie mich ›Adlerauge‹!« Mathieu rief begeistert: »Bei mir heißt es, ich hätte ›Augen wie ein Luchs‹!«, und andere fügten hinzu: »Ja, ja, bei mir auch: ›Augen wie ein Luchs‹!« Wir sprachen über das Hören, Fühlen, Schmecken, Riechen und jedes der Kinder hatte eine Anekdote als Beweis für seine hochsensiblen Sinne.

Und so ging der Workshop weiter: Nach und nach erzählte ich ihnen den Inhalt des Buches, und die Kinder stimmten allem zu und bestätigten es mit persönlichen Beispielen. Ludovics finsterer Blick verschwand nach und nach, und er begann, ein wenig Interesse zu zeigen. Wir sprachen über alles, einschließlich des Multitasking-Gehirns, das mehrere Dinge gleichzeitig tun muss. Simon rief aus: »Es stimmt, ich lasse mich gern mit dem Kopf nach unten baumeln, weil ich so besser lernen kann!« Ein anderes Kind fügte hinzu: »Ja, ich mag es, während ich Hausaufgaben mache, Musik zu hören oder fernzusehen, das hilft mir. Aber meine Eltern wollen das nicht!«

Anschließend besprachen wir die Geschwindigkeit ihres Denkens. Ich erklärte ihnen, dass ihnen mit einem so schnellen Gehirn die Schulstunden vielleicht manchmal langweilig erscheinen, weil die Lehrerin gezwungen ist, langsamer vorzugehen und mehrfach zu wiederholen, aus Rücksicht auf die anderen Schüler. Die Kinder bestätigten es mir einstimmig. Um es mit ihren Worten zu sagen: »Im Unterricht langweile ich mich so sehr, dass ich schreien könnte, ich langweile mich zu Tode! Mir ist so langweilig, dass ich mich zwinge einzuschlafen, damit ich mich nicht mehr langweile!« Chloe fügte eine Variante hinzu: »Meine Lehrerin ist sehr nett. Sie erlaubt es mir, auf den Flur zu gehen, um dort zu schreien. Also gehe ich manchmal aus dem Klassenraum und schreie ganz laut auf dem Flur! Danach fühle ich mich besser.« Und Claude-Hélène bestätigte mir, dass sie manchmal Chloe schreiend auf dem Flur antrifft. Das hat mir einen heftigen Stich verpasst, von ihrem unermesslichen Leid zu hören, sich ständig zurückhalten und dermaßen zügeln zu müssen. Das sind so lebendige, brillante Kinder, so aufgeweckt – und sie sind gezwungen einzuschlafen, um die Folter dieser endlosen Schulstunden ertragen zu können! Was für ein Horror, was für eine Verschwendung!

Dann sprachen wir über das Thema Angst. Ich habe das bereits im Kapitel über Gefühle angesprochen. Mit einem mäandernden Gehirn, das so kreativ und fantasievoll ist, gibt es selbstverständlich viele Ängste, die sehr schwer zu steuern sind. Mental hocheffiziente Kinder haben einen ständigen Angsthintergrund. Ich habe bei dieser Gelegenheit entdeckt, dass diese Kinder, in der Hoffnung, eines Tages die Angst zu beherrschen, ständig versuchen, sich mit ihr zu konfrontieren. Mit ebenso viel Angst wie Aufregung fielen sie sich gegenseitig ins Wort, um mir von Zombie-Filmen zu erzählen. Der Zombie schien für sie der Gipfel dessen zu sein, was ihnen Angst machte, aber es gestanden gleich mehrere von ihnen, dass sie traumatisiert waren durch die Bilder dieser Filme und dass ihre Ängste noch schlimmer geworden waren statt besser. Ich denke, Eltern von mental hocheffizienten Kindern, die von ihrer Hochsensibilität und überbordenden Fantasie wissen, müssen besonders vorsichtig sein und sie nicht Horrorfilme gucken lassen, trotz der morbiden Anziehung, die davon ausgeht.

Nach etwas mehr als einer Stunde im Workshop hob Mathieu seine Hand: »Madame, wir sind hyperaktive Kinder, könnten wir jetzt ein bisschen draußen rumlaufen?« Die anderen Kinder stimmten ihm sofort zu. Aber natürlich! Wieso war ich nicht selber darauf gekommen? Wir machten eine Pause. Sie eilten in den Hof, um zu rennen, zu springen, zu klettern ... Zehn Minuten später ging ich hin, um zu sehen, ob sie genug hatten, aber die Kinder flehten mich an, ihnen noch mehr Zeit zu geben. Fünf Minuten später kamen sie freiwillig wieder in den Raum. Ich bin zu dem Schluss gekommen, dass sie ihr Bedürfnis nach Bewegung sehr gut kannten – die Erwachsenen sollten ihnen hier voll vertrauen – und auch, dass dieser Workshop sie wirklich interessierte.

Als Nächstes sprachen wir über Dyslexie (Legasthenie), und ich verteilte ihnen dazu einen kleinen Text, in dem die Buchstaben in den Wörtern vertauscht waren.

Die Jüngsten, die gerade erst lesen lernten wie Simon oder Nathan, konnten den Text nicht lesen, aber die Größeren waren angeregt und amüsiert. Marie kam endlich aus ihrer Reserviertheit heraus. Sie strahlte. Später erzählte sie ihren Eltern, dass »es ausnahmsweise mal lustig und interessant war, was zu lesen, weil es kompliziert war!« Na sowas! Und stellen Sie sich das vor: Dieses junge Mädchen, das an einer »Aufmerksamkeitsdefizitstörung« litt und in der Schule versagte, hat sogar einen Rechtschreibfehler in meinem Text entdeckt! Sie war die Einzige, die ihn gesehen hat. Am Abend, auf der Elternkonferenz, konnten die Erwachsenen den Fehler nicht finden, obwohl ich ihnen gesagt habe, dass sich einer im Text verbirgt.

Die Kinder fühlten sich verstanden und fragten, ob sie zeichnen dürften, während sie mir zuhörten, »weil ich ja gesagt hatte, dass sie Multitasking beherrschten und mehrere Dinge gleichzeitig tun müssten«. Das Ende des Workshops fand also mit auf dem Bauch liegenden Kindern statt, die zeichneten und malten, während sie mir zuhörten. Es ist nicht leicht, von der Theorie zur Praxis überzugehen. Mir fiel es schwer, zu Kindern zu sprechen, die mich anscheinend nicht beachteten. Aber sie waren aufmerksam bei der Sache. Als ich den Workshop mit der Frage abschloss »Habt ihr noch Fragen? Habt ihr verstanden, wie euer Gehirn funktioniert?«, antwortete Mathieu für die ganze Gruppe: »Natürlich haben wir alles verstanden, denn wir sind mental hocheffizient!« Und wie recht er hatte! Sie stimmten ihm alle stillschweigend zu. Ludovic lächelte breit. Ich fragte ihn: »Also, Ludovic, ist es ein Problem, so zu sein, wie du bist?« Er antwortete strahlend: »Nein, es ist toll, ein solches Gehirn wie meines zu haben!« Dem stimme ich uneingeschränkt zu!

Der Workshop fand am Nachmittag statt. Am selben Abend hielt ich einen Vortrag in der Schule zum gleichen Thema, diesmal für die Erwachsenen. Die Eltern waren da und der Schuldirektor, aber nur vier von 30 Lehrern (darunter Claude-Hélène, die alles organisiert hatte) und keiner der beiden Logopäden. Das finde ich ziemlich entmutigend. Sogar Simons Lehrerin, die behauptete, große Schwierigkeiten mit einem Kind wie ihm zu haben, das »so manipulativ sei«, hat sich nicht die Mühe gemacht, zu kommen. (Ich hätte ihr geraten, Simon einen Aufsatz über Dinosaurier schreiben zu lassen, das hätte dieses bezaubernde Kind besänftigt!) Die teilnehmenden Eltern bestätigten mir, dass die Kinder nach dem Workshop sehr zufrieden und bereits verändert waren. Ein paar Wochen später hat mir Claude-Hélène erzählt, dass die Kinder aus unserem Workshop mehr Selbstvertrauen hatten, die Noten hatten sich verbessert wie auch die Beziehungen zu den anderen Schulkindern. Am Ende des Trimesters haben die Eltern von Marie ihr diese E-Mail geschickt:

Liebe Claude-Hélène,
wir hoffen, es geht Ihnen gut.
Marie sagt:

- *Es ist schön, zu wissen, dass man nicht dumm ist und gar nicht so viel Hilfe braucht.*
- *Es tut gut, zu wissen, dass wir gar keinen so großen Aufwand betreiben müssen, um etwas zu erreichen.*
- *Insgesamt stellt dieses Wissen wieder Vertrauen her.*
- *Sie fühlt sich besser, seit sie weiß, dass sie nicht die Einzige ist, die so denkt, dass sie keine »Außerirdische« ist.*
- *Sie hat Antworten bekommen auf Fragen, die sie sich in Bezug auf sich selbst gestellt hatte.*
- *Madame Petitcollin hat ihr nützliche Tipps fürs Lernen, aber auch fürs Leben insgesamt gegeben.*

Unsere Sicht als Eltern:

- *Sie ist offener und »entspannter« geworden seit diesem Workshop. Sie wollte ihre Therapie abbrechen, weil sie keinen Sinn mehr darin sah.*
- *Sie sieht der Sekundarstufe zuversichtlich entgegen.*
- *Der Rat von Madame Petitcollin hilft uns oft in der Kommunikation mit unserer Tochter.*
- *Ihr wurde zum ersten Mal am Schuljahresende attestiert: »Hat keinerlei Probleme mit dem Lernen.« Das ist quasi eine Revolution!*

Wir danken Ihnen nochmals für Ihr Engagement für die Kinder.
Mit freundlichen Grüßen
XX

Was für eine Freude, ein solches Feedback zu bekommen! Es reichte also, den Kindern zwei Stunden lang zu erklären, wie ihr Gehirn funktioniert, damit sie das Vertrauen in sich, in die eigenen schulischen Fähigkeiten und in ihr soziales Umfeld zurückgewinnen ...

Durch einen dieser seltsamen Zufälle im Leben hatte ich an dem Morgen, als der Workshop stattfand, in der Hotelboutique ein schmales Büchlein gefunden mit Tipps für Eltern und Pädagogen im Umgang mit einem »ruhelosen Kind«. Ich kaufte es aus Neugierde und blätterte es vor dem Workshop durch. Einige der Kapitelüberschriften, die den Inhalt veranschaulichen, lauteten: »Ein pathologischer Zustand, der erkannt werden muss«, »Die Krankheitssymptome beim Säugling«, »Welche Faktoren führen zur Krankheit?«, »Diese Erkrankung als Ganzes verstehen«, »Bemerkung zur Behandlung mit Psychostimulanzien«. (Gott sei Dank sprach sich der Autor gegen die Gabe von Ritalin aus!) Ludovic hatte recht: Für die Norm-Denker, ist er, wie er ist, wirklich ein Problem!

Der geschilderte Workshop wurde gefilmt. Claude-Hélène wollte dadurch eine Arbeitsgrundlage schaffen als Hilfe bei der Begleitung hyperaktiver Kinder. Ich danke ihr sehr für die Organisation und die vielen Erfahrungen und dafür, dass sie die Arbeit dokumentiert hat. Ich denke, sie wird auch für andere Kinder in der gleichen Situation dienlich sein!

Aus der eigenen Coaching-Praxis

Seit dieser Erfahrung mit den Schweizer Kindern erkläre ich regelmäßig in meinen individuellen Beratungsstunden, wie das Gehirn von mental Hocheffizienten funktioniert. Da mentale Hocheffizienz erblich ist, kommen oft ganze Familien mit mäandernden Gehirnen zu mir. Ich muss sagen, dass mir das Freude macht! Sie werden sich schlagartig dessen bewusst, wie sie funktionieren, das ist wie beim Domino Day (der internationale Wettbewerb, wo Dominosteine anspruchsvoll angeordnet sind und harmonisch nacheinander umfallen, nachdem der allererste angestoßen wurde. Es gibt eine Menge ganz unglaublicher Videos im Netz, die Sie Ihren Kindern zeigen können!). In den Köpfen der Kinder ist dieser Dominoeffekt viel ausgeprägter und wirkmächtiger. Die Kinder haben noch nicht so viele leidvolle und problematische Erfahrungen gemacht wie die Erwachsenen. Daher haben sie weniger Angst, weniger Blockaden, weniger schmerzliche Erfahrungen zu überwinden. Ihr Gehirn, das gerade dabei ist, die Welt zu entdecken, will nur verstehen, und die Verbindungen sind schnell hergestellt.

Auf der anderen Seite lehne ich es ab, ein Kind ohne seine Eltern oder mit weniger als einem Elternteil zu empfangen. In der Schweiz sind abends alle Eltern der betroffenen zehn Kinder zur Besprechung gekommen. Ich möchte, dass die Erwachsenen vollumfänglich in den Prozess eingebunden sind, dass sie das Gleiche hören wie das Kind, damit das Gehörte zu einer Diskussionsgrundlage werden und zu gegenseitigem Verständnis führen kann.

Ich werde oft gebeten, ein Buch »für die Kinder« zu schreiben, das sie allein lesen können, das »auf ihrem Niveau« ist. Ich lehne diese Idee komplett ab. Einerseits haben auch schon 13-jährige Kinder *Ich denke zu viel* selbstständig lesen können, und zwar sogar in Fällen, bei denen die Eltern überzeugt waren, ihr Kind könne kein einziges Buch lesen. Es muss dazu gesagt werden, dass *Ich denke zu viel* kein Buch im eigentlichen Sinne ist, sondern mehr wie ein Lehrbuch, fast eine Gebrauchsanweisung, einfach und praktisch. Und andererseits dürfen sich Erwachsene nicht wegducken. Es ist ihre Aufgabe, dem Kind zu erklären, wer es ist und wie es funktioniert. Es wäre wenig sinnvoll, ein Kind unter 13 Jahren mit einem Buch allein zu lassen, damit es selbst herausfindet, was mit ihm geschieht – und das inmitten von Erwachsenen, die sich nicht bemühen, sich darüber zu informieren. Einige meiner Leser bestehen genervt darauf: »Es geht uns nicht darum, unser Kind mit dem Buch allein zu lassen, wir wollen nur, dass die Informationen kindgerecht aufbereitet sind.« Das glaube ich ihnen gern, aber wenn es so ein Buch gäbe, würden andere Eltern ihr Kind damit allein lassen. *Ich denke zu viel* war schon für viele Erwachsene ein emotionaler Schock, quasi eine Offenbarung, manch Betroffener musste weinen und hat Zeit gebraucht, um das zu verdauen. Ich will nicht, dass Kinder das auf sich gestellt durchmachen. Sie müssen von einem fürsorglichen Erwachsenen begleitet werden.

In meinem Büro oder über Skype erkläre ich den Kindern und Eltern alles in einfachen Worten genau wie an dieser Schweizer Schule. Ich beginne mit der Hochsensibilität und fahre in der gleichen Reihenfolge fort wie derjenigen, die ich in den vorstehenden Kapiteln gewählt habe. Kinder sind im Allgemeinen sehr, sehr aufmerksam! Danach trauen sie sich, Kommentare abzugeben und ein paar Fragen zu stellen. Dennoch ist es selten, dass sie Fragen stellen: Die Erklärungen, die sie bekommen haben, reichen ihnen. Anschließend gebe ich ihnen ein paar Tipps, wie sie andere Menschen besser verstehen und besser mit ihnen zurechtkommen, sowie Hinweise für ihre Schullaufbahn. Im Allgemeinen genügt eine Sitzung. Die Eltern sagen mir, dass ihr Kind danach »komplett verändert« ist! Diesen Begriff verwenden sie am häufigsten.

Zum Beispiel hat mir Louise, Mutter von Diane (acht Jahre), diese Nachricht geschickt:

Guten Abend,
ich wollte mich bei Ihnen bedanken. Seit ich mit meiner Tochter vor zehn Tagen bei Ihnen war, konnte ich eine Veränderung an ihr feststellen. Ich finde, es geht ihr viel besser, innerhalb weniger Tage ist sie gereift. Mit Ihnen über mentale Hocheffizienz zu sprechen, hat ihr unglaublich gut getan. Ich bereue es nicht, sie mitgebracht zu haben, seitdem hat sich alles zum Positiven gewandelt. Als sie nach Hause gekommen ist, hat sie ihrer Schwester alles erzählt, und die hat daraufhin »Ich denke zu viel« gelesen und sich darin wiedergefunden.
Vielen Dank!
Auf bald
Louise

Ich möchte Ihnen zwei Bespiele nennen, welche Auswirkungen es für die Kinder haben kann, wenn sie erfahren, wie mental Hocheffiziente funktionieren. Als Erstes berichtet ein Vater, der seinen Sohn darüber ins Bild gesetzt hat, und anschließend ein 14-jähriges Mädchen, das auf Anraten ihrer Geschichtslehrerin *Ich denke zu viel* gelesen hat.

Guten Abend,
zunächst einmal danke ich Ihnen, dass Sie sich die Zeit genommen haben, mir zu antworten, und vielen Dank für Ihren Rat. Ich antworte mit Verspätung, aber ich wollte mit meiner Idee gut vorangekommen sein, bevor ich Ihnen schreibe.

Es ist nun vollbracht, ich habe mir heute Abend einen Moment Zeit genommen, um meinem sechsjährigen Sohn die Sache mit der rechten und der linken Gehirnhälfte zu erklären. Mit einfachen Worten erklärte ich ihm das ganze Konzept und verwendete den schönen Begriff »Zebra«. Er hat sofort verstanden: »Dann bin ich also ein Zebra, Papa?« – »Nun ja, mein Sohn, das bist du, und ich bin auch ein Zebra.« Diese Geschichte hat ihn zum Lachen gebracht, aus Erleichterung, glaube ich.

Er hatte ursprünglich solche Angst davor, heute Abend nicht einschlafen zu können, weil die Mama dieses Wochenende verreist ist, und er hat nur drei Minuten gebraucht, um einzuschlafen. Auch wenn alle die Diagnose verstanden haben (Eltern, Psychiater, Lehrerin) und Hand in Hand arbeiten, hat niemand bisher die Sache mit der rechten und der linken Gehirnhälfte oder dem »Zebra« angesprochen. Schade, denn nur diese Erklärung hat mir vor ein paar Monaten geholfen, aus einem latent depressiven Zustand herauszukommen, in den ich geraten war, weil ich mich mit meinem Anderssein seit einigen Jahren so unwohl gefühlt hatte. Ich weiß nicht, wie es auf lange Sicht sein wird, aber für den Moment hat es mir sehr gut getan. Mein Sohn ist glücklich eingeschlafen und ich freue mich jetzt auf den Abend.

Ich danke Ihnen nochmals für Ihr Buch und Ihren Rat. Eine letzte Sache noch: Ich habe in den letzten Monaten zwei Zebras in meinem Bekanntenkreis identifiziert. Ich habe ihnen Ihr Buch empfohlen und sie sind aus allen Wolken gefallen! Sie sind mir unendlich dankbar, und auch das tut mir verdammt gut.

Einen schönen Abend und herzliche Grüße

Hallo,

mein Name ist Jade. Ich bin 14 Jahre alt und ich habe Ihr Buch »Ich denke zu viel« gelesen. Meine Geschichtslehrerin hatte mir den Tipp gegeben. Ich wollte Ihnen sagen, dass mir schon die paar Seiten geholfen und mich zum Lächeln gebracht haben.

Ich habe mich in diesem Buch wiedererkannt und fand alles zutreffend beschrieben.

Es ist tatsächlich so, dass ich finde, meine Schulkameraden sind total langsam bei allem, und ich habe das Gefühl, dass sie in einer »Glücksblase« leben und die Welt nicht so sehen wie ich. Aber gut, ich kann mit ihnen halt keine langen Debatten und andere Diskussionen führen, also muss ich mich da auch nicht so reinsteigern.

Ich kann mich gut in diese Herde von Sonderlingen integrieren und mich zurücknehmen, damit ich die anderen nicht mit meinen Fragen überfordere. Ich gestehe jedoch, dass mich kleine Details eben sehr oft beschäftigen, erst sie bringen mich dazu, manchmal alles einfach nur umarmen zu wollen, was sich bewegt. Ich weine auch, sobald etwas traurig ist, egal ob

bei anderen oder bei mir. (Vor einem Monat zum Beispiel haben wir uns mit der Klasse eine griechische Tragödie angesehen und ich habe laut losgeheult. Meine Mitschüler haben mich ausgelacht, weil sie nicht kapiert haben, wie jemand bei sowas weinen kann. Ich möchte allerdings darauf hinweisen, dass es bei dem Stück um einen Doppelselbstmord ging und ich mir das ansehen musste.) Wie auch immer, ich schreibe Ihnen all das, weil ich mich bei Ihnen bedanken möchte. Ich fühle mich jetzt etwas weniger einsam!
Jade
PS: Ich habe lange gezögert, Ihnen diese E-Mail zu schicken …

Vielen Dank, Jade, dass du dich getraut hast, diese Mail abzuschicken! Und du weist völlig zurecht darauf hin, dass »Tragödien« vor allem Geschichten von Morden und Selbstmorden erzählen.

Na bitte, so schwer ist das nicht! Kinder wollen nur wissen und verstehen. Und dann machen sie für sich das Beste aus der neu gewonnenen Selbsterkenntnis.

Kapitel 5
Die Kunst der Offenbarung

Liebe Eltern, jetzt sind Sie dran! Ihr Kind braucht Ihre Hilfe, um verstehen und akzeptieren zu können, wer es ist. Sie werden es ihm sagen müssen.

Wenn Sie sich als Elternteil eher als Norm-Denker erkannt haben, wie ich ihn beschreibe, ist es Ihnen hoch anzurechnen, dass sie dieses Buch überhaupt lesen und versuchen, Ihr Kind zu verstehen. Ich gratuliere Ihnen und danke Ihnen dafür. Parallel zu den Erklärungen, die Sie dem Kind über seine eigene Person geben, sollten sie ihm auch verständlich machen, wer Sie sind: eine Person mit gut geordneten Gedanken und viel gesundem Menschenverstand. Sagen Sie Ihrem Kind, dass Sie es nicht immer verstehen können, weil Sie anders funktionieren. Aber jetzt, da Sie wissen, dass es mental hocheffizient ist, werden Sie es weniger kritisieren und mehr ermutigen, und Sie werden Ihr Bestes geben, um ihm die Welt, in der es lebt, zu erklären. Für Sie ist die Art und Weise, wie diese Welt funktioniert, eine Selbstverständlichkeit, und es ist nicht immer einfach, das Offensichtliche in Worte zu fassen. Zwei Stunden lang zu beschreiben, warum es Türen gibt, wozu sie gedacht sind und wie man sie öffnet, scheint absurd … obwohl die Schlosserei ein faszinierendes Thema sein kann: Ludwig XVI. war davon begeistert! Also, um besser wahrzunehmen, was Ihr Kind braucht, stellen Sie sich vor, Sie empfangen einen Jungen vom Amazonas in Ihrem Haus. Er weiß nichts über unsere westliche Welt, versteht die Codes nicht und hat noch nie eine Tür gesehen. Sie werden ihm also alles erklären müssen, sogar das Offensichtliche. Um die Kluft besser sichtbar zu machen, können Sie sich gemeinsam mit Ihrem Kind den Film *Little Indian – Der Großstadtindianer*[1] angucken. »Ist schwer, gut lernen!«, sagt der kleine Indianer.

Aber, wie sagt man so schön, »der Apfel fällt nicht weit vom Stamm«. Es ist sehr wahrscheinlich, dass mindestens eines von beiden Elternteilen Ihres Kindes auch mental hocheffizient ist, und da Sie gerade dieses Buch in Händen halten, ist es sehr wahrscheinlich, dass Sie es sind! Und dann wird natürlich alles, was in diesem Buch steht, in einer emotionalen Resonanz mit Ihren eigenen Kindheitserfahrungen stehen. Wie Loïc es beschrieben hat: »Ich kenne dieses Leid nur zu gut, und mir ist klar, dass ich nicht weiß, wie ich ihm helfen kann, aus dem einfachen Grund, weil ich selbst als Kind diese Hilfe nie bekommen habe.« Um Ihrem Kind helfen zu können, müssen Sie parallel an sich selbst arbeiten, Sie müssen wachsen und akzeptieren, wer Sie sind, um ihr Kind so zu akzeptieren, wie es ist.

Mental hocheffizienten Kindern ihr Anderssein erklären

Wie helfen Sie also Ihrem Kind, zu verstehen und zu akzeptieren, dass es mental hocheffizient ist? Nun, Sie gehen genauso vor wie ich bei den Schweizer Schulkindern. Marie findet, dass die Tipps von mir »nützlich sind in der Schule und im Leben

---

1 Eine französische Produktion aus dem Jahr 1994 von Hervé Palud, mit Thierry Lhermitte, Patrick Timsit, Ludwig Briand, Miou-Miou und Arielle Dombasle.

im Allgemeinen«. Sie sagt, sie fühlt sich besser, seit sie weiß, dass sie nicht die Einzige ist, die so denkt, seit sie weiß, dass »sie keine Außerirdische ist«. So werden sich auch Ihre Erklärungen beruhigend auf Ihr Kind auswirken. Da Sie wissen, wem Sie es erklären, müssen Sie sich keine Sorgen machen: Es wird alles verstehen, und sein mäanderndes Gehirn wird die Informationen auf seine Art neu organisieren. Wie Mathieu, der ausrief: »Natürlich habe ich alles verstanden, ich bin doch mental hocheffizient!«

Während des Workshops habe ich zwei Stunden gebraucht (minus eine Viertelstunde Pause), um alles zu erklären. In einer Einzelsitzung reicht eine Stunde. Mittlerweile beherrsche ich das Thema allerdings sehr gut. Sie werden wahrscheinlich etwas mehr Zeit benötigen, aber Sie müssen ja auch nicht alles auf einmal vermitteln. Sie sollten sich vorher genau vorbereiten, sonst wird es Fragen ohne Ende geben. Aber halten Sie vor allem die Erläuterungen einfach!

Folgen Sie der Chronologie dieses Buches. Wenn ich meine Leser darum bitte, mir zu folgen, anstatt hin- und herzuspringen, wie sie es gewohnt sind, dann tue ich das aus einem bestimmten Grund! Es liegt daran, dass dem Buch eine fortschreitende Logik zugrunde liegt, die dazu führen soll, dass es »Klick macht«. Ich beginne mit der Hochsensibilität, der Grundlage sozusagen. Ich fahre mit all dem fort, was daraus folgt, um zum Schluss zum komplexen mäandernden Denken zu kommen. Und dann ergibt alles plötzlich einen Sinn. Verwenden Sie einfache Wörter, kurze Sätze und sehr konkrete Beispiele. Sie können Ihrem Kind auch einzelne Passagen aus diesem Buch vorlesen. Meine Sprache ist recht zugänglich. In meiner Praxis habe ich festgestellt, dass Kinder ab dem Alter von sechs bis sieben Jahren durchaus in der Lage sind, zu verstehen, worum es hier geht. Nennen Sie Ihrem

Kind danach Beispiele aus dem Alltagsleben, damit es über konkrete Situationen ein Verständnis entwickeln kann: Beispiele, wie sich seine Hochsensibilität und seine Hyperemotionalität zeigen, Beispiele für seine andere Art der Wahrnehmung, für sein mäanderndes Denken und den Unterschied zu Menschen, die neurologisch anders verkabelt sind und die Dinge entsprechend wahrnehmen. Reden Sie, machen Sie Pausen, fragen Sie, ob es Ihnen folgen kann, ob es Fragen hat. Seien Sie offen für die Kommentare Ihres Kindes und gehen Sie darauf ein.

Um Ihre Erklärungen abzurunden, können Sie sich auch Metaphern bedienen. Mental hocheffiziente Gehirne haben eine dominante rechte Gehirnhälfte. Deshalb lieben sie Bilder, Zeichnungen, Beispiele und Metaphern. Das gilt umso mehr für Kinder.

Hier finden Sie das metaphorische Bild, das ich am häufigsten verwende:

Ich nehme ein DIN-A4-Blatt und rolle es zu einem Rohr. Ich sage dem Kind »Die meisten Menschen sehen das Leben so« und schlage ihm vor, durch das Papierrohr zu schauen. In meinem Büro liegen auf einem Couchtisch Blätter, Stifte und eine Uhr. Wenn man durch das Rohr schaut, kann man die Stifte, die Uhr und die Blätter gut sehen, aber den Couchtisch sieht man nicht. Ich weise das Kind darauf hin. Dann fordere ich es auf, sein Papierrohr auf den Heizkörper, der etwas weiter entfernt ist, zu richten. Die gleiche Situation tritt wieder auf: Durch das Papierrohr sieht man die einzelnen Längsstreifen des Heizkörpers, aber man sieht nicht den ganzen Heizkörper. Anschließend rolle ich das Blatt zu einer spitzen Tüte und sage dem Kind: »Nun, so siehst du die Dinge.« Und, oh Wunder! Obwohl das Loch in der Papiertüte im Durchmesser kleiner ist als das des Papierrohres, kann man den Couchtisch sehen und den gesamten Heizkörper. Dann erkläre ich dem Kind: »Deshalb verstehen dich die Menschen manchmal nicht. Du sagst: ›Oh, wie gut, dass es einen Heizkörper gibt!‹ Und die Leute schauen dich schief an und sagen: ›Du redest Unsinn, in diesem Raum gibt es keinen Heizkörper, nur ein paar Streifen!‹ Oder du sagst: ›Oh, dieser Couchtisch ist aber hübsch!‹ Und man antwortet dir: ›Aber wo siehst du denn hier einen Couchtisch? In diesem Raum gibt es keinen!‹« Dann füge ich hinzu: »Jetzt, wo du den Unterschied kennst, verstehst du vielleicht, dass du bei Menschen, die nicht denken wie du, nicht weiter insistieren solltest. Wenn du darauf bestehst, dass es einen Couchtisch oder einen Heizkörper gibt, erklären sie dich für verrückt. Deine Freunde werden dich auslachen, denn sie können den Couchtisch und den Heizkörper nicht sehen. Aber aus ihrer Sicht haben sie auch recht: Durch das Rohr betrachtet, existiert der Couchtisch tatsächlich nicht.«

Als Nächstes bitte ich das Kind, an Situationen zu denken, in denen es sich missverstanden gefühlt hat, und herauszufinden, welche Elemente seines Denkens von seinem Umfeld nicht verstanden wurden. Dann gebe ich ihm folgenden Schlüssel in die Hand: Der Unterschied zwischen dem Weisen und dem Toren ist, dass der Weise weiß, mit wem er am besten nicht redet. Wenn man merkt, dass die Leute einen nicht verstehen, sollte man nicht weitermachen. Denn es könnte dazu führen, dass sie wütend werden. Dieser Ratschlag gilt übrigens auch für die Erwachsenen.

Ein anderes metaphorisches Bild könnte ebenfalls nützlich sein: das der kleinen grauen Esel.

Die kleinen Esel sind sehr sanft, sehr kräftig, sehr geduldig, ziemlich gehorsam und sehr mutig. Sie können über weite Strecken schwere Lasten tragen. Sie sind sehr trittsicher im Gebirge. Normalerweise stolpern sie nicht. Esel können lange, lange Zeit laufen ... Sie können auch ein bisschen traben, aber das ermüdet sie schnell. Fürs Galoppieren sind sie hingegen gar nicht gemacht, das gibt ihr Skelett nicht her. Wenn man einen Esel peitscht, wird er wütend und böse, aber er wird unter keinen Umständen galoppieren.

Und dann gibt es die Rennpferde. Im Gegensatz zu den kleinen Eseln sind sie feinfühlig und widerspenstig: Es braucht viel Zeit, um sie zu zähmen, zu trainieren und sie gut einzureiten, damit sie gehorchen! Auf steilen Pfaden können sie schnell aufschrecken, stolpern und fallen. Der Reiter muss die Kandare ganz fest halten, damit sich das Pferd darauf abstützen kann, um sein Gleichgewicht zu halten. Rennpferde ermüden schnell, wenn sie schwere Lasten tragen, sie können sich dabei sogar den Rücken schädigen. Deshalb sind die Jockeys klein und immer auf Diät. Aber Pferde lieben es, miteinander zu rennen, und wenn sie galoppieren, können sie so schnell sein wie der Wind! Gemeinsam ist Pferden und Eseln das Bedürfnis nach Gesellschaft. Da sie es nicht mögen, allein zu sein, sind sie sehr glücklich, wenn sie zusammen auf einer Wiese stehen. Du bist ein Rennpferd, und viele Menschen sind kleine graue Esel. Wenn du galoppieren willst, kannst du es. Und du kannst auch manchmal mit den anderen Pferden um die Wette rennen. Aber im Allgemeinen ist es so: Wenn du dich mit den anderen verstehen willst, musst du in ihrem Tempo laufen. So kannst du auch von ihrer Ruhe und Freundlichkeit profitieren.

Dieses Bild ist sehr nützlich, um die unterschiedliche Beschaffenheit des Denkens zu erklären, aber benutzen Sie es nur, wenn Sie Respekt und Achtung vor Eseln haben!

Und schließlich gibt es noch das Märchen *Das hässliche Entlein*. Es ist besonders gut geeignet, wenn Ihr Kind wegen seiner Andersartigkeit gehänselt wird.

Die Auswirkungen, die es hat, wenn Sie Ihrem Kind offenbaren, wie es ist, sind beachtlich: Die Eltern berichten, dass das Kind hinterher regelrecht verändert ist. Erinnern Sie sich an die hyperaktiven Schweizer Kinder: Sie haben ihr Selbstvertrauen wiedergefunden, ihre Noten wurden besser und ihre Beziehungen zu den Mitschülern haben sich auch verbessert. Je jünger das Kind ist, desto weniger wird es unter der Situation gelitten haben. Je eher es über die Schlüssel verfügt, mit sich umzugehen, desto besser ist es für das Leben gewappnet.

Selbst zu wissen, wer man ist, ist der beste Schutz gegen die Ignoranz, die Wucht der Ablehnung und der Kritik. Über sich selbst Bescheid zu wissen, verhindert, in die Falle des überangepassten »falschen Selbst« zu tappen, das so viele mental hocheffiziente Erwachsene lebenslang begleitet.

Kapitel 6
Die Gefahren des falschen Selbst

An diesem Punkt Ihrer Lektüre fangen Sie wirklich an, zu verstehen, das die Ursache so vielen Leids nicht die mentale Hocheffizienz an sich ist, sondern die Tatsache, missverstanden und im Anderssein nicht akzeptiert zu werden.

»Du bist nicht genug«

Wir haben bereits über das Schubladendenken gesprochen. Heutzutage ist unsere Welt davon überzeugt, dass Unterschiede ein Problem sind und dass dieses Problem gelöst werden muss. Dieses Nichtrecht, anders zu sein, löst einen Wettlauf zum Spezialisten aus, sobald ein Verhalten nicht den erwarteten Standards entspricht. Die Eltern, die sich nicht an diese Praxis halten, gelten schnell als unzulänglich. Wenn also ein Elternteil mit der Tatsache konfrontiert wird, ein atypisches Kind zu haben, mit allen Schwierigkeiten, die damit einhergehen können, wird es reflexhaft nach Informationen und Hilfe von Fachleuten suchen. Leider wird es bei dieser Suche nach Antworten an zwei Klippen stoßen: die Leugnung oder die Pathologisierung dieses Andersseins. Wir haben bereits im ersten Kapitel alle Formen von Krankheitszuschreibungen aufgezählt, die Spezialisten auf Lager haben. Fortan werden auch Sie Ihrem Kind häufig vermitteln: »Dein fehlerhafter Charakter ist nicht nur erkannt und bestätigt, sondern auch inakzeptabel; wie du bist, das geht gar nicht. Ich erkenne dich nicht als sehr begabt oder anders begabt an, sondern einfach als verhaltensgestört. Man wird dich behandeln in der Hoffnung, dass sich das Problem gibt.« Wen wundert da, dass etwa Dyslektiker meist deprimiert durchs Leben gehen und an einem schrecklichen Mangel an Selbstvertrauen leiden.

Wenn das Leugnen zum Problem wird

Der andere potenzielle Fallstrick für Eltern mit einem mental hocheffizienten Kind besteht darin, sein Anderssein zu leugnen. Das kann unterschiedliche Formen annehmen:

- Die Idee der »Hocheffizienz«, unter welcher Bezeichnung auch immer, wird zurückgewiesen. Dies kommt einer totalen Diskussionsverweigerung gleich. Derjenige verschließt sich komplett. Der Elternteil, der überzeugt ist, ein Genie geboren zu haben, auch wenn das Kind (aus Sicht des Gegenparts) weit davon entfernt ist, gilt bestenfalls als kauzig und schlimmstenfalls als jemand, der sein Kind schlecht erzieht und die Konsequenzen nicht akzeptiert. Wenn dann noch eine Scheidung hinzukommt, wird die Ursache aller Probleme des Kindes auf den »elterlichen Konflikt« zurückgeführt, und diese Idee wird von dem Elternteil aufrechterhalten, das die Alarmglocke zieht. Diese Form des Leugnens ist sowohl für den Elternteil selbst als auch für das Kind sehr schlimm. In einigen Fällen wird man sogar den Elternteil, das sich Sorgen um das Kind macht, beschuldigen, das Kind nur deshalb als atypisch hinzustellen, um den anderen Elternteil zu diskreditieren oder auf Abstand zu bringen. Ist es so weit gekommen, erweist es sich im Grunde als unmöglich, einander noch zu verstehen, sich zu verständigen oder sich helfen zu lassen.

- Die zweite Form des Leugnens ist ebenso heftig, aber auch heimtückischer: Der Gesprächspartner akzeptiert vordergründig die Idee, lässt aber völlig außer Acht, was sie bedeutet. Er nickt und wechselt dann schnell das Thema. Die Information, dass das eigene Kind mental hocheffizient ist, bedeutet dann nichts. Und wo nichts anzusprechen ist, wird auch nichts passieren.
- Es kann aber auch sein, dass diese Information eine Lawine von Klischees auslöst, die den völligen Mangel an Wissen über das Thema beweist. Dann steht kein alternatives Vorgehen auf dem Plan. Die möglichen Schwierigkeiten werden komplett ausgeblendet. Der Elternteil, der versucht hat, die Bedürfnisse seines Kindes zu erklären, wird sich rechtfertigen müssen und stark insistieren, jedoch ohne Erfolg. Es riskiert hingegen, seinen Gesprächspartner gegen sich aufzubringen und das erste völlige Leugnen zu provozieren: Die Eltern der »sogenannten Hochbegabten« glauben vorgeblich, dass ihr Kind besonders ist und besser als die anderen, und sie wollen deshalb, dass es immer bevorzugt behandelt wird.

Doch wir fangen endlich an, zu realisieren, welchen gravierenden Schaden die psychische Gesundheit eines Kindes nimmt, wenn seine Hocheffizienz geleugnet wird. Mögliche Folgen können sein:

- Depressionen, die bis zu Selbstmordgedanken führen können,
- eine intellektuelle Hemmung, um nicht intelligenter als die anderen zu wirken und um der Langeweile zu entgehen,
- sich verstärkende Angstzustände, das Auftreten von Zwängen und/oder Phobien,
- eine Flucht in Suchtverhalten (Drogen, Alkohol, Videospiele, Risikoverhalten),
- eine Schul- und/oder soziale Phobie,
- Ekel vor dem Lernen, was zu einem vorzeitigen Abbruch der Schullaufbahn führt,
- die Konstruktion eines falschen Selbst, die die Person viele Jahre begleitet.

Sie sehen: Die Mehrheit der Schwierigkeiten, die diese Kinder haben, hängt nicht damit zusammen, wer sie sind, sondern damit, dass geleugnet wird, wer sie sind.

10 – 20 Jahre Psychotherapie sparen

Seit 25 Jahren begleite ich mental hocheffiziente Erwachsene in ihrer persönlichen Entwicklung. Ich bin davon überzeugt, dass der ganze Ärger, den die Hocheffizienten in der Therapie zu lösen versuchen, letztendlich nur Folge der Leugnung ihrer mentalen Hocheffizienz seit ihrer Kindheit ist.

Denn man findet bei den Erwachsenen das vor, was im Kindesalter angelegt wurde. Und das ist logisch:

- Unter der Flut an Kritik aufzuwachsen und das Gefühl zu haben, nicht zu genügen, egal, was man tut, führt dazu, dass man eine ungesunde Angst vor Ablehnung und/oder dem Verlassenwerden entwickelt. So wird man emotional abhängig (und es ist sehr schlimm, es zu sein!).

- Wie soll man Selbstvertrauen und Selbstachtung haben, wenn dem engsten Umfeld nichts von dem, was man ist, gefällt? Und dann wird einem auch noch das geringe Selbstwertgefühl vorgeworfen.
- Entmutigt davon, jemals akzeptiert zu werden, sagt sich das Kind: »Vielleicht wird man mich endlich mögen, wenn ich perfekt bin.« Also wird es krankhaft perfektionistisch (und das ist auch nicht gut!).
- Um der Lawine erbitterter Kritik zu entgehen, wird das Kind enorme Anstrengungen unternehmen, um zu verstehen, was von ihm erwartet wird, und sich darauf einstellen. Dann wird man ihm vorwerfen, dass es überangepasst ist, nicht Nein sagen kann, zu nett ist und vielleicht sogar Perverse anzieht.
- Keine Lösung für das eigene Problem zu finden, macht berechtigterweise ängstlich. Wie könnte man es auch nicht sein, wenn man sich völlig unverstanden fühlt und denkt: »Ich habe ein Problem, das ist klar, aber welches?« Und am Ende wirft man dem Hocheffizienten vor, ängstlich zu sein!

Der Schauspieler Robin Williams sagte einmal: »Ich dachte immer, das Schlimmste, was einem im Leben passieren kann, sei, eines Tages ganz allein zu sein ... aber das stimmt nicht. Das Schlimmste, was passieren kann, ist, im Alter umgeben von zahlreichen Menschen zu leben, die einem das Gefühl geben, allein zu sein.«

Mental Hocheffiziente fühlen sich aber nicht erst am Ende des Lebens einsam, sondern von Kindheit an. Sie sagen, sie fühlten sich, als kämen sie von einem anderen Planeten. Unverstanden und ungenügend, egal, was er tut, wird der Hocheffiziente in der Tat einen depressiven Hintergrund entwickeln. Man kann sich fragen, ob dieses falsche Selbst, das so viel Tinte fließen lässt, überhaupt existieren würde, wenn man der betroffenen Person von Beginn an gesagt hätte: »Du hast voll und ganz das Recht, zu sein, was du bist, und zu fühlen, was du fühlst. Wir lieben dich so, wie du bist! Ändere nichts an dir!«

Wenn sie sich an Spezialisten wenden, werden hocheffiziente Erwachsene in neue Schubladen gesteckt. Viele haben mir gesagt, dass sie als »Borderline«, »bipolar«, »paranoid« oder »schizophren« diagnostiziert wurden ...

Ich höre Therapeuten auch sagen, mental hocheffiziente Menschen seien so geworden, weil sie misshandelt wurden. Die mentale Hocheffizienz (die sie dann »Resilienz« nennen) sei nichts anderes als Folge dieser Misshandlung. Das impliziert wieder, dass das, was die mental Hocheffizienten strukturell sind, nicht akzeptiert wird; es wird nur als Folge von bestimmten Umständen betrachtet. Wie üblich, wird ihnen gesagt, dass sie verletzt sind, also krank, und dass sie behandelt werden müssen. Davon auszugehen, dass die mental Hocheffizienten traumatisierte Menschen sind, ist eine Umkehrung der Beweislage.

Mentale Hocheffizienz ist keine Resilienz. Dafür habe ich zahlreiche Beispiele: Wenn eine Person in der Lage war, ihre Hocheffizienz in einem ausgeglichenen und wohlwollenden Umfeld zu leben, entwickelt sie keinen posttraumatischen Stress. Sie ist weder ängstlich noch abgewertet und hat dennoch dieses komplexe Denken und eine hochsensible Sinneswahrnehmung. Aus diesem Grund bin ich davon überzeugt, dass es sich genau andersherum verhält: Da sie hocheffizient sind, werden diese Menschen seit der Kindheit misshandelt, und weil sie misshandelt wurden, geht es ihnen schlecht. Als Beweis für diese These habe ich auch die fast einhellige und internationale Reaktion der Leserinnen und Leser meines Buchs *Ich denke zu viel* anzuführen. Das Buch ist sowohl eine Ohrfeige als auch eine große Erleichterung, und das in zweifacher Hinsicht: Ich bin nicht verrückt! Ich bin nicht allein! Viele Menschen sagen mir sogar, dass die Lektüre »ihr Leben gerettet hat«.

Wenn die Therapie sie nur in neue Schubladen steckt oder ihre mentale Hocheffizienz auf ein Trauma zurückführt, bleibt sie auf einer Ebene mit den Misshandlungen stecken, die der Hochsensible seit der Kindheit erlitten hat. Auch in der psychologischen Praxis fühlt sich die mental hocheffiziente Person dann unverstanden und kritisiert, wie überall, wo sie hingeht. Aus diesem Grund sind einzelne Therapien nicht wirksam, sondern sogar verheerend.

Mental hocheffiziente Kinder lassen Erwachsene nicht gleichgültig. Es geht um alles oder nichts: Entweder man liebt sie oder man kann sie nicht ausstehen. Ich glaube, es gibt viel mehr Erwachsene, die solche Kinder nicht ausstehen können, als Menschen, die sie lieben, da ihr Weitblick auf nichtauthentische Erwachsene sehr störend wirken kann. Stellen Sie sich vor, wie es sich für ein Kind anfühlen muss, die Ablehnung und Feindseligkeit der Erwachsenen tagtäglich zu spüren, ohne den Grund zu wissen.

Von der Überanpassung zum falschen Selbst

Da man Hocheffizienten spiegelt, dass sie es sind, die ein Problem darstellen, und da die folgende Ablehnung für Hocheffiziente so schmerzhaft ist, gerade weil sie sich entsprechend als

Minderheit fühlen, bemühen sich viele mental Hocheffiziente überaus stark und doch vergeblich, sich dieser Welt anzupassen, die nicht die ihre ist. Und vor allem deshalb geht es ihnen nicht gut. Der Mechanismus der Überanpassung funktioniert so:

- Zuerst höre ich nicht mehr darauf, was von innen kommt, da es von außen geleugnet wird. Ich kann meinen Gefühlen, meinem Instinkt, meinen Wahrnehmungen nicht vertrauen, da man mir sagt, dass sie alle falsch sind: »Du hast keinen Grund, zu fühlen, was du fühlst (›Du machst viel Aufhebens um nichts, dieser Pullover kratzt nicht‹). Was du wahrnimmst, existiert nicht: ›Aber nicht doch, das Haus brennt nicht!‹ – ›Aber nein, da ist kein schreckliches Fiepen zu hören hier im Pferdestall!‹« Wie leicht wird man als verrückt hingestellt, wenn niemand eine ähnliche Wahrnehmung hat wie man selbst. Also ist es am besten, sich in Acht zu nehmen vor dem, was die anderen sagen, und zwar alle anderen. Dann richten diese Menschen ihre Antennen nach außen und kappen die internen Sensoren, weil das, was sie wahrnehmen, so etwas wie eine Halluzination sein muss. Frei nach dem Motto: Besser ich achte nicht weiter darauf.
- Dann wird zum Problem, was die anderen über mich sagen: Das Bild, das sie mir von mir spiegeln, entspricht mir nicht. Nein, ich bin nicht launisch. Nein, ich spiele kein Theater. Nein, ich mache das nicht mit Absicht. Nein, ich wollte nicht frech sein. Nein, ich bin kein Angeber. Ich bin nicht derjenige, den die anderen in mir sehen, aber ich werde diese wachsende Wut, nicht ich sein zu können, unterdrücken müssen. So entsteht das Gefühl, sich selbst zu betrügen.
- Um der scharfen Kritik zu entgehen, werde ich ein Schutzverhalten entwickeln. Die Mimikry erlaubt es mir, ein ech-

tes Chamäleon zu werden. Ich kann mich an alle Arten von Persönlichkeiten anpassen, wenn ich meine eigene weglege. Die Kälte wird meine Hochsensibilität verbergen. Gar nicht schlecht! Nichts scheint mich mehr zu berühren. Die Arroganz stellt meine Würde wieder her. Ich brauche nichts und niemanden. Ich spiele den Clown: Es ist besser, Lacher zu provozieren, als sie zu ertragen. Aber das Schlimmste ist, ich fange an, mich unterwürfig zu geben: Um geliebt zu werden, muss ich mich an das anpassen, was andere von mir erwarten. Ich kann nicht mehr Nein sagen.

- Meine Gefühle sind schmerzhaft. Ich bin traurig, allein und unverstanden, ich bin wütend, nicht mein wahres Ich leben zu können, aber ich habe solche Angst davor, abgelehnt zu werden ... Also packe ich all meine Emotionen in einen großen Kessel und lege einen riesigen Deckel aus Angst darauf. Dann wirkt es so, als sei die Angst ein Teil meiner Persönlichkeit.
- Da mein wahres Ich eine *persona non grata* ist, sperre ich es in den Kerker ein und lasse es von einem inneren Tyrannen bewachen, der es immer daran erinnert, dass es auf dieser Welt nicht willkommen ist.
- Gleichzeitig werde ich, um Ruhe zu haben, eine Vitrine erschaffen mit einem falschen Selbst am Eingang, das darauf trainiert ist, sich an die anderen anzupassen, ohne nachzudenken. Niemand wird jemals erraten, wer ich wirklich bin, und das ist auch besser so!

So entsteht der Mechanismus des falschen Selbst, der das Gefühl der Selbsttäuschung verschlimmert. Es besteht aus einem falschen Selbst, überangepasst an die anderen und gespalten, und aus einem wahren Ich, das sich im Verborgenen, in der Versenkung aufhält. Einem Kind die Funktionsweise des falschen Selbst zu erklären, ist nicht leicht. Deshalb habe ich die nachfolgende Illustration angefertigt. Sie bringt es eher auf den Punkt.

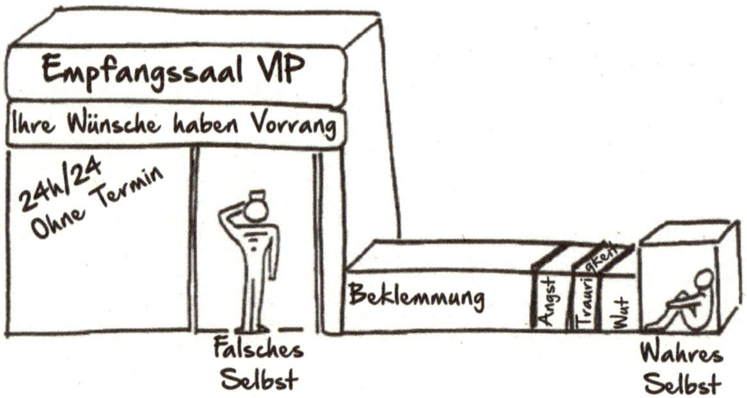

Das falsche Selbst ist eine Art Hotelpage (viel düsterer als Spirou), der jeden unterwürfig empfängt, während das wahre Ich in seinem Gefängnis schmachtet. Wie traurig!

Der Mechanismus des falschen Selbst bringt die Person in Gefahr. Es besteht eine große Kluft zwischen den Ansprüchen auf »Normalität«, die sie zeigt, und ihrem tiefen Bedürfnis, für das, was sie wirklich ist, geliebt und anerkannt zu werden. Das schafft eine Lücke, in die sich die Manipulatoren stürzen. Das falsche Selbst, in seiner permanenten Überanpassung, ist zu freundlich und unfähig »Nein« oder »Stopp« zu sagen. Fokussiert auf das Bedürfnis, den anderen zu befriedigen, hört es nicht auf die eigenen Gefühle, es leugnet die eigenen Werte, Bedürfnisse und Wünsche. Dann schützt der Hochsensible sich überhaupt nicht mehr, da die Wut unterdrückt wird, und öffnet so die Tür für toxische Beziehungen. Kurz gesagt, treibt ein falsches Selbst die

Betroffenen in die Arme narzisstischer Perverslinge. Und das zeigt sich bereits auf dem Schulhof. Zehn Prozent der Schüler werden gemobbt. Raten Sie mal, welche das sind ... Im letzten Kapitel dieses Buches gehe ich genauer auf Mobbing ein.

Schluss mit der Überanpassung

Stress, Ängste und Depressionen entstehen direkt durch diese Überanpassung, von der man sich gar nicht ausmalt, wie energiefressend und zeitaufwendig sie ist. So viel Zeit und Energie wird auf Versuche verschwendet, zu erraten, was von einem erwartet wird, und beim Versuch, anderen zu gefallen! Und die Mühe ist auch noch vergeblich, denn nichts davon trägt Früchte. Trotz aller Bemühungen bleibt der mental Hocheffiziente ewig das kleine hässliche Entlein, unverstanden und verstoßen. Durch seine Überanpassung verliert er sein Gefühl für die eigenen Bedürfnisse, Wünsche, Werte und zuletzt sogar für die eigene Identität. Sich anzupassen, um nicht isoliert zu sein, sollte niemals implizieren, sich selbst zu verleugnen. Es ist das Leugnen des Rechts aufs Anderssein, das diesen Überlebensmechanismus ausgelöst hat.

Wenn die mental Hocheffizienten nur all diese Energie nutzen würden, um sich um ihr Ich zu kümmern, um sich selbst zu verstehen und in Ruhe zu wachsen! Welch heitere und fröhliche Menschen könnten sie als Erwachsene sein! Darüber hinaus könnten sie auch so viel Zeit und Geld für Therapien sparen, um aus dieser Einkapselung herauszukommen.

Bis sie *Ich denke zu viel* gelesen haben, konnten viele mental Hocheffiziente nicht sehen, wer sie sind, sie nahmen sich nur durch die vergrößernden (zu viel) und verzerrenden (Dys-)

Taschenspiegel wahr, die ihnen die Norm-Denker hinhielten. Das gab ihnen eine hässliche, deformierte, lückenhafte und ständig veränderliche Sicht auf sich selbst. Mein Buch hat ihnen einen ganz normalen, nicht verfärbten Standspiegel angeboten, der ihnen gezeigt hat, dass es nichts gibt, was zu viel oder zu krumm und schief ist an dem, was sie sind, und dass sie im Ganzen schlüssig und harmonisch sind. Ich bin mir sicher, dass die Erleichterung daher kommt. Die gleiche Erleichterung sieht man bei Kindern, nachdem man ihnen erklärt hat, wer sie sind.

Normalerweise gehen wir vor allem zur Therapie, um über unser Leid zu sprechen, damit wir uns versichern, dass wir nicht verrückt sind und uns selbst endlich die Erlaubnis erteilen können, wir selbst zu sein. Das ist es, was passiert, wenn die Therapie glückt: Die Person hört auf, sich selbst zu kritisieren, und bringt ihren inneren Tyrannen zum Schweigen. Sie akzeptiert sich so, wie sie ist: perfekt in ihrer Unvollkommenheit, weil sie einzigartig ist auf der Welt. Sie stellt sich ihren Ängsten und lernt, wie sie sich schützen kann. Sie versucht nicht länger, jedem zu gefallen, sie fängt an, Nein zu sagen, und gesteht sich zu, Fehler zu machen. Und all das schafft einen positiven Kreislauf, der das Selbstwertgefühl aufbaut und stärkt.

Mental hocheffizient zu sein, bedeutet, man selbst zu sein, das eigene Anderssein anzunehmen und nicht länger zu versuchen, »wie alle anderen« zu sein und der Kritik von außen nicht noch die innere Selbstkritik hinzuzufügen. Sehr früh zu wissen, wer man ist, diese Tatsache zu akzeptieren und zu lernen, damit umzugehen, ermöglicht es, alle Probleme, die den mental Hocheffizienten im Erwachsenenalter begegnen, zu vermeiden: den Mangel an Selbstvertrauen, ein niedriges Selbstwertgefühl, die Hyperemotionalität, Depressionen usw. Und vor allem diese krankhafte Überanpassung, die zu den meisten Schwierigkeiten führt.

Es ist möglich, zu verhindern, dass Ihr Kind in diesen Teufelskreis der Selbsterniedrigung gerät. Die erste Prävention all dieses Leids wäre, sich nicht überanpassen zu müssen. Aber: Sich selbst zu ermächtigen, man selbst zu sein, und aufzuhören, den anderen gefallen zu wollen, ist eine komplizierte Aufgabe. Ein Kind kann das nicht ohne die Hilfe und die Erlaubnis der Erwachsenen schaffen.

Das mental hocheffiziente Kind, dem man sein Anderssein erklärt hat, wird von einer großen Last befreit. Es muss anschließend von seinen Eltern begleitet werden, um seine Angst zu überwinden, andere zu enttäuschen oder zu frustrieren. Es liegt an Ihnen, ihm die volle Erlaubnis zu geben, es selbst zu sein und auf die Zustimmung derer, die es nicht verstehen, zu verzichten.

Es muss Erklärungen hören wie diese: »Die Enttäuschung des anderen ist nicht deine. Wir können es nicht immer allen recht machen, nur weil sie das wollen. Sonst würden wir nur noch gehorchen. Man darf nicht die Allmacht von jemandem nähren, indem man sich all seinen Launen unterwirft. Schließlich kann man nicht von jedermann geliebt werden. Allen zu gefallen hieße: egal wem zu gefallen. Manchmal ist es sogar beruhigend, zu wissen, dass bestimmte Leute einen nicht mögen! Wenn man dich mögen soll, nur weil du nett bist und gehorsam, dann liebt man dich nicht, dann nutzt man dich aus.«

Um es mit Jacques Salomé zu sagen: »Das, was du bist, spricht so laut, dass ich nicht mehr hören kann, was du sagst.« Also, bevor Sie all diese schönen Reden halten, finden Sie selbst zu Beständigkeit in ihren eigenen Beziehungen, und zeigen Sie Ihrem Kind, dass Sie Nein sagen können, dass Sie Menschen in ihrem Umfeld sehr wohl enttäuschen und gut damit leben können, wenn Sie von einigen nicht gemocht werden.

Bestärken Sie Ihr Kind regelmäßig. Es muss nicht perfekt sein, um geliebt zu werden. Geben Sie ihm viele Beispiele. Wurden Toby, der Hund, oder Minouche, die Katze, gebeten, perfekt zu sein, um geliebt zu werden? Warten die Vögel in den Bäumen darauf, dass sie geliebt werden, bevor sie anfangen, zu singen? Und der Himmel, das Meer, die Bäume, die Berge, die Blumen ... sind sie nicht von Natur aus perfekt, auch wenn sie ein wenig zu schwarz oder zu krumm sind? Bestärken Sie Ihr Kind: »Es ist in Ordnung, zu enttäuschen. Minouche enttäuscht dich, wenn sie sich nicht auf deinen Schoß setzen will. Aber hörst du deshalb auf, sie zu lieben?«

Sie können auch die metaphorische Geschichte wählen: Das wahre Ich ist ein edler Ritter, der in einem Verließ eingesperrt ist wie Rapunzel in ihrem Turm. Er ist das Opfer des Fluchs »Sei wie ich oder ich liebe dich nicht!«. Um freizukommen, muss er die drei Initiationstore durchschreiten: das Tor der Angst, abgelehnt zu werden, das Tor der Traurigkeit, unverstanden zu sein, und schließlich das Tor der Wut, nicht man selbst sein zu können. Es ist nicht leicht! Wenn der edle Ritter es aus seinem Verließ geschafft hat, wird er regelmäßig konfrontiert mit den Drachen des Verbots, man selbst zu sein. Wenn man aber keine Angst mehr hat, dann stellt man fest, dass es sehr kleine Drachen sind. Es reicht, sie einfach ihre winzig kleinen Flammen speien zu lassen – pff, pff, pff – und zu denken: »Mach du nur weiter, ich weiß, wer ich bin!«

Wenn ich meinen eigenen Wert kenne, brauche ich die Bestätigung der anderen nicht mehr. Ich kann die Informationen in mir suchen. Alle mental Hocheffizienten müssen lernen, sich neu zu fokussieren. Ich trichtere ihnen in den Sitzungen immer wieder ein: »Wenn Sie auf sich hören, in sich hineinhören, was ist das Richtige für Sie?« Fragen Sie auch Ihr Kind in regelmäßigen Abständen: »Was denkst DU darüber?« Und bestätigen Sie seine Antwort.

Aber der eigenen Intuition zu folgen, erfordert Mut. Es ist nicht leicht! Es bedeutet aufzuhören, auf die eigenen Ängste zu hören. Es ist außerdem nicht gut, zu früh Recht haben zu wollen. Es ist daher wichtig, zu lernen, auf die eigenen Gefühle zu hören, ohne Recht haben zu wollen, ohne Kommentare abzugeben. Erklären Sie Ihrem Kind, dass Erwachsene manchmal (oft?) sehr dumme Dinge sagen, dass man sie aber nicht bloßstellen sollte. Sie können ihm auch folgende Anekdote erzählen:

Als mein Sohn in der ersten Klasse war, sagte seine Lehrerin sehr selbstsicher: »Am 1. Mai arbeitet niemand, denn es ist der Tag der Arbeit!« Mein Sohn, erstaunt, erwiderte: »Wirklich? Denn meine Mama arbeitet am 1. Mai!« Mit seiner spontanen Feststellung hat er seine Lehrerin vor der ganzen Klasse blamiert. Wir haben zu Hause viel darüber gelacht. Haha, natürlich fliegen am 1. Mai keine Flugzeuge, Züge fahren nicht, Krankenhäuser sind geschlossen und die Feuerwehr ist am Strand! Aber er hat seine Spontaneität teuer bezahlt, weil er im darauffolgenden Jahr dieselbe Lehrerin hatte, und er hatte sie sich zum Feind gemacht. Ihr Kind muss verstehen, dass die zutreffendsten Bemerkungen seltsamerweise die sind, die als Unverschämtheit aufgefasst werden. Das Kind muss lernen, die Unlogik der Erwachsenen zu akzeptieren und seinen Mund zu halten.

Mental hocheffiziente Kinder gelten oft als überheblich, sogar als Angeber. Sie wissen eine Menge, zeigen es gern und glauben, Informationen zu einem spannenden Thema austauschen zu können. Wenn sie zu spät darüber informiert werden, dass sie anders sind, erkennen sie erst, wenn sie als Besserwisser beschimpft wurden, dass die anderen viel weniger wissen. Wenn sie eine gute Note bekommen, sind sie davon überzeugt, dass es nur daher kommt, weil es einfach war. Ja, es war einfach ... für sie. Sie gehen ihren Mitschülern mit dieser falschen Bescheidenheit ziemlich auf die Nerven. Helfen Sie Ihrem Kind, zu verstehen, was vor sich geht, und zu unterscheiden zwischen Bescheidenheit (die von den anderen als falsche Bescheidenheit wahrgenommen wird) und einer gewissen Demut, bei der man sich selbst nicht abwertet und den anderen auch nicht runterzieht.

Geben Sie ihm dieses Beispiel: Einer seiner Freunde kann superschnell laufen. Er gewinnt jedes Rennen. Voller Bewunderung wird Ihr Kind hingehen und sagen: »Wow, du läufst echt superschnell!«

Welche Antwort würde es lieber hören?

- »Pfff, gar nicht! Ich laufe so langsam wie eine Schildkröte!« Was bedeutet, dass die anderen Schnecken sind. (falsche Bescheidenheit)
- »Und dabei bin ich heute gar nicht in Form. Normalerweise bin ich noch schneller!« (Prahlerei)
- »Ah, danke! Ja, ich laufe gern! Und ich trainiere viel.« (demütige Bescheidenheit)

So kann Ihr Kind lernen, bescheiden zu antworten. Zunächst einmal reicht es, »Danke« zu sagen, wenn man ein Kompliment bekommt. Und hinzuzufügen, dass man das gern macht und viel übt bzw. trainiert. Das könnte zu diesem Ergebnis führen:

Die Freundin: »Wow, du bist echt gut in Mathe!«

Antwort Ihres Kindes: »Ah, gut, danke! Ja, ich mag Mathe gern. Deshalb übe ich auch ziemlich viel.«

Wenn man eine gute Note bekommen hat, dann hat man sie verdient. Man muss sich dafür nicht entschuldigen.
Als Elternteil haben Sie es verstanden: Sie müssen Ihre Kritik durch Erklärungen ersetzen und Ihr Kind ermutigen, die Welt um es herum zu verstehen. Der kleine Junge vom Amazonas muss die Codes der Stadt lernen, aber ihm ist nicht dabei geholfen, wenn man ihm vorwirft, ein Indianer zu sein. So ist es Ihre Aufgabe, Ihr Kind vor Kritik von außen zu schützen, die nicht aufhören wird, auch wenn sie vielleicht infolge der neu erlangten Souveränität Ihres Kindes abnimmt. Wenn ein Außenstehender ihm in Ihrer Gegenwart vorwirft, was es ist, beziehen Sie Stellung. Trauen Sie sich, Ihren Gesprächspartnern zu sagen: »Mein Kind ist so. Das ist sein Charakter. Es will nicht absichtlich frech oder ungehorsam sein, es hat nur mehr Schwierigkeiten als andere, sich die sozialen Codes anzueignen.« Fügen Sie hinzu: »Wir arbeiten zu Hause daran und werden diesen Vorfall heute Abend in der Familie besprechen.« Ihrem Gesprächspartner wird es gefallen, dass Sie auf seine Bemerkungen eingehen, auch wenn Ihre Art, es zu tun, ihn verwirrt. Wenn Sie sehen, dass Ihr Kind verletzt ist, erinnern Sie es kurz und knapp an die Metapher »Für das Rohr ist der Trichter ein Problem« oder machen Sie den Flammen spuckenden Drachen, der ihm verbietet, es selbst zu sein, nach und zwinkern Sie dabei. Pff, pff, pff!

Ungeachtet dessen, was die Kritik-Anhänger uns glauben machen wollen: Verletzende Worte helfen nicht weiter. Um zu wachsen und Fortschritte zu machen, brauchen alle Kinder Wohlwollen, Anerkennung und Lob. Leider fehlt es in unserem gegenwärtigen Bildungssystem allen Kindern – ob hocheffizient oder nicht – an Ermutigung.

Im Leben von mental hocheffizienten Kindern nimmt das Phänomen noch einmal größeren Raum ein. Neben der Tatsache, dass sie sensibler sind und Kritik stärker empfinden als der Durchschnitt, erfahren diese Kinder noch weitere Nachteile. Sie sind flink und brillant in vielen Bereichen, dennoch werden immer all ihre Mängel in den Vordergrund gestellt. Auch in den Bereichen, in denen sie vielleicht sehr gut sind, werden sie in ihre Schranken gewiesen, weil sie nicht den Altersstandards entsprechen. Es spielt keine Rolle, ob das Kind bereits lesen oder zählen kann: In seiner Klasse wird es das verstecken müssen, bis die anderen auch dieses Niveau erreicht haben. Was zählt seine Leidenschaft für Dinosaurier? Sie steht nicht auf dem Lehrplan. Man wird ihm oft sogar verbieten, die richtige Antwort zu geben. Im Gegenzug aber wird man darauf herumreiten, wie schlimm es ist, dass es noch nicht Fahrrad fahren kann.

Zu Hause können Sie einen positiven Kreislauf von Ermutigungen beginnen und die positiven Aspekte seiner mentalen Hocheffizienz hervorheben. Erstellen Sie gemeinsam eine Liste aller Vorteile, hochsensibel, überempfindlich, kreativ usw. zu sein. Und machen Sie sich daran, ihm die Codes dieser normierten Welt beizubringen. In Kapitel 10 gebe ich Ihnen ein paar Hinweise dazu.

Ich versichere Ihnen, sobald Ihr Kind die Erlaubnis erhält, zu sein, wer es ist, und darauf stolz sein darf, lösen sich die meisten Probleme in Luft auf. Es ist, als hätte das Kind eine offene Wunde gehabt. Und seine Gefühle waren wie ein Gummiband, an dem alle gezogen haben. Die emotionale Achterbahnfahrt wird sich geben. Alle Kinder – und auch die mental Hocheffizienten – haben eine wahnsinnige Lebens- und Wachstumskraft und brennen förmlich darauf, dass es ihnen gut geht.

Kapitel 7
Ein solider Rahmen

Alle Kinder brauchen Erwachsene, die die Rolle des Schutz- und Rahmensetzenden ausführen. Sie brauchen Regeln und Grenzen, und manchmal auch ein Verständnis dafür, dass Erwachsene besser wissen, was gut für sie ist. Es ist der Erwachsene, der weiß, wann die Debatte eröffnet und wann sie beendet wird. Schließlich ist das Kind ein Kind und es muss auf seinem Platz bleiben. Ich habe viel mit Eltern gearbeitet.[1] Ich weiß, dass es heute nicht leicht ist, diese Position einzunehmen. Ist das Kind mental hocheffizient, wird die Übung noch komplizierter, aber auch wichtiger.

Ein Erwachsener an seinem Platz und in seiner Rolle

Wer komplex denkt, muss sicher gehalten werden, um nicht abzudriften. Diese außergewöhnlichen Kinder brauchen einen außergewöhnlichen Rahmen. Mäandernd denkende Gehirne kennen ihre Grenzen nicht. Sie müssen eingedämmt und kanalisiert werden, von jemandem, der die ausreichende Größe besitzt, es wohlwollend und entschlossen zu tun. Wenn Erwachsene durch dieses Kind destabilisiert werden, verunsichern sie es im Gegenzug:

---

1 Im Rahmen des REAAP (Réseau d'Écoute, d'Appui et d'Accompagnement des Parents).

»Wenn Erwachsene mich nicht bändigen können, wem kann ich dann vertrauen? Auf wen kann ich mich stützen? Wer wird mich beschützen - auch vor mir selbst und meinen aufdringlichen Gedanken?« Stellen Sie sich vor, Sie schwimmen allein in einem tosenden Meer, ohne eine Küste am Horizont zu sehen, ohne einen Baumstamm, an dem sie sich festhalten können. Das ist beängstigend, nicht wahr? Für mich erklärt das eine Menge der Ängste von mental hocheffizienten Kindern. In ihrem komplexen Denken fehlt es ihnen an einem Bezugspunkt, an Unterstützung. Die meisten der mental hocheffizienten Erwachsenen, denen ich im Coaching begegne, sind immer noch sehr ängstlich, weil sie nie jemanden getroffen haben, der in der Lage war, ihren Geist zu zügeln und ihrer Argumentation geschickt zu widersprechen. In diesem Klima der Unsicherheit und Angst gefangen, aufgrund der Schwäche der Erwachsenen, schlussfolgert das Kind, dass es sich nur auf sich selbst verlassen kann. Deshalb entwickelt es diese »Wut, die Dinge beherrschen zu wollen«, die so charakteristisch ist, und wird perfektionistisch. Umgekehrt trägt die Gewissheit, durch einen Erwachsenen gehalten zu werden, wesentlich zur Beruhigung des mental hocheffizienten Kindes bei. Das ist aber keine leichte Angelegenheit.

Im Prinzip ist es besser, selbst hocheffizient zu sein, um von diesem übersprudelnden Kind nicht überwältigt zu werden. Es ist einfacher, einen Trichter mit einem Trichter im Zaum zu halten. Aber Sie müssen sich selbst, Ihr eigenes Gehirn gut im Griff haben. Wenn Sie selbst auch dazu neigenabzudriften, wie können Sie ihm dann einen stabilen Rahmen bieten? In Ihrem Ozean der Zweifel müssen ein paar Pfähle fest verankert stehen.[2]

---

[2] Einige können Sie finden in meinen Büchern: *Bien communiquer avec son enfant* (2003) und *S'affirmer et oser dire non* (2003).

Obwohl er über gewisse Sicherheiten und Fähigkeiten verfügt, einen Rahmen zu setzen, wird ein Norm-Denker-Elternteil ebenso seine Schwierigkeiten haben, hier die Autorität zu behaupten. Aus der Sicht eines mental Hocheffizienten ist es so: Damit er folgt, muss der Befehl intelligent sein, von jemandem kommen, den er schätzt, und in einem respektvollen Ton ausgesprochen worden sein. Das bleibt auch später im Leben so, in den Unternehmen, in denen er arbeitet, und stellt einige Abteilungsleiter vor große Herausforderungen. Wenn Sie einem Norm-Denker-Kind sagen »Komm mit!«, folgt es Ihnen gehorsam. Der Erwachsene nennt das »kooperativ«. Sagen Sie das Gleiche zu einem mental hocheffizienten Kind, erstarrt es und fragt: »Wohin gehen wir?« Der Erwachsene nennt das »ein rebellisches Verhalten«. Aber es ist keine grundlose Rebellion. Um einem Befehl zu gehorchen, muss das Kind ihn verstehen. Daher werden Sie von einem mental hocheffizienten Kind rasch in die Ecke gedrängt. Dabei will es nur den Grund für die Anweisung verstehen, aber leider versuchen diese Kinder oft auch, Ihnen die Willkür oder Unlogik Ihrer Position aufzuzeigen. Ab einem gewissen Punkt müssen Sie also aufhören, zu diskutieren. Sie müssen ihm klarmachen, dass Sie die erwachsene Person sind und es das Kind ist. Es ist wichtig, dass jeder an seinem Platz ist.

Bei mental hocheffizienten Kindern funktioniert argumentieren, schimpfen, schreien oder schlagen nicht, Befehle und Strafen ebenso wenig. Die Art und Weise, wie Autorität ausgeübt wird, will also überdacht sein. Hingegen akzeptieren diese Kinder instinktiv eine faire und intelligente Autorität. Wie soll man es also anpacken? Bauen Sie Ihre Authentizität aus, bleiben Sie konsequent. Wie ich es bereits in dem Buch *Bien communiquer avec son enfant* erklärt habe, beginnt das Setzen der Grenzen im Kopf des Elternteils. Nehmen Sie sich Zeit, darüber nachzudenken, auf welche Erziehungsmethode Sie sich beziehen wollen, denken Sie über die Regeln und Grenzen nach, die Sie etablieren möchten, über die Werte, die Sie verteidigen möchten. Es wird viel einfacher sein, Grenzen zu setzen, wenn diese für Sie sehr klar sind. So oder so, wenn sie es nicht sind, werden Sie es bald merken!

Sind Sie mit sich im Reinen, wird alles einfach. Setzen Sie klare Grenzen in wenigen Worten. Prüfen Sie, ob diese respektiert werden. Erinnern Sie das Kind regelmäßig an die Anweisungen.

Erstellen Sie eine Liste der Dinge, die nicht verhandelbar sind:

- Aufgaben: sich waschen, ins Bett gehen, Hausaufgaben machen, essen, aufräumen, putzen
- Verhalten: Es ist verboten, zu schlagen, jemandem oder sich selbst wehzutun, andere zu beleidigen, Sachen zu zerstören, selbst wenn man wütend ist.
- Haltung: Respekt vor den Erwachsenen, Höflichkeitsregeln, die Einhaltung sozialer Regeln (das sehen wir uns später noch genauer an), Respekt vor dem Gesetz.

Was sich von selbst versteht: Wenn etwas Teil des »Nichtverhandelbaren« ist, sollten Sie dem Kind niemals die geringste Verfehlung durchgehen lassen. Das erfordert Wachsamkeit, ist aber Teil Ihres konsequenten Handelns, das Ihr Kind austesten wird.

Achten Sie aber auch darauf, nicht alles dadurch erklären zu wollen, dass das Kind atypisch ist. Mental hocheffiziente Kinder haben ebenso wie die Norm-Denker die natürliche Fähigkeit, Grenzen zu testen, um zu sehen, wie weit sie ungestraft gehen können. Die Kinder suchen förmlich nach Grenzen, um Halt zu haben und sich an den Rahmen anlehnen zu können. Es liegt an Ihnen, schlauer zu sein als sie. Das brauchen sie! Und wenn es um mental hocheffiziente Kinder geht, ist das nicht einfach.

Eltern müssen lernen, zu unterscheiden, ob ein Wutausbruch aufgrund von Müdigkeit stattfindet, infolge einer Überreizung der Sinnesorgane oder weil das Kind einfach nur seinen Kopf durchsetzen will. Sie müssen auch unterscheiden zwischen den echten Fragen, die mit ihrer krankhaften Neugier zu tun haben und dem möglichen Wunsch, Sie in Beschlag zu nehmen oder die Schlafenszeit hinauszuzögern. Gewiss, diese Kinder brauchen Sinn, Konsequenz und Authentizität, aber Sie sind die erwachsene Person, und Sie sollten diejenige sein, die das letzte Wort hat. Man erklärt eine Grenze in wenigen Worten, man rechtfertigt sich nicht und diskutiert nicht stundenlang. Diese Kinder protestieren sehr schnell, sie sind die Könige des »Ja, aber ...«. Sie könnten sogar diesen übermäßigen Gebrauch des »Ja, aber ...« bestrafen (1 Euro pro »Ja, aber« ab der vierten Wiederholung – funktioniert ziemlich gut). Diese zu reifen Kinder leiden darunter, wie Kinder behandelt zu werden, sie wären gerne auf Augenhöhe mit den Erwachsenen. Aber das kommt nicht infrage. Sie sind ihnen keine Rechenschaft über Ihre Lebensentscheidungen schuldig. Sie müssen in Ihrem Handeln nicht absolut logisch sein: Alle Menschen sind voller Widersprüche. Ja, diese Kinder reagieren allergisch auf Ungerechtigkeit, aber es ist nicht ihre Aufgabe, den Richter zu spielen.

Achten Sie auch darauf, dass sie nicht die Rollen tauschen. Mit ihrem Einfühlungsvermögen und ihrer Fähigkeit zuzuhören, können sie Sie dazu bringen, sich ihnen anzuvertrauen. Seien sie wachsam, Ihr Kind nicht zu Ihrer Vertrauensperson oder gar zu Ihrem Seelenklempner zu machen. Dieses Risiko ist bei Alleinerziehenden noch viel größer. Da er keinen anderen Erwachsenen an seiner Seite hat, riskiert der Solo-Elternteil, in diesen Mechanismus verwickelt zu werden. Selbst in der Therapie sind diese Kinder in der Lage, die Rollen zu tauschen und den Psychotherapeuten dazu zu bringen, sich ihnen anzuvertrauen! Darüber beschweren sie sich manchmal bei mir. »Bei meinem letzten Psychologen war ich diejenige, die ihn therapiert hat!« Und genauso bombardieren mich solche Kinder gern mit Fragen darüber, wie es mir geht. Sie im Griff zu haben, erfordert eine außergewöhnliche Wachsamkeit und innere Strukturiertheit! Ihr Kind wird Sie zwingen, all dies zu entwickeln.

Ob Ihr Kind wirklich verloren und aufgewühlt ist oder sie einfach auf die Probe stellt – Ihre Einstellung muss immer gleich sein: Wohlwollen und Entschlossenheit. Fassen Sie in Worte, was vorgefallen ist. Sobald die Eckdaten des Problems klar auf dem Tisch liegen, kann man es mit dem Prinzip der Realität konfrontieren: »Du bist so, die Welt ist so. Es ist okay, dass du du bist, und ich werde dir helfen, dich damit auszusöhnen, du zu sein und in dieser Welt zu leben.« Wenn Ihr Kind versucht hat, Sie zu verschaukeln, machen Sie ihm klar, dass Sie seinen Manipulationsversuch entdeckt haben und ihn nicht akzeptieren. Diese Kinder sind sehr klug, aber sie sollten nicht den Raum bekommen, die Erwachsenen zu dominieren.

Klare und verbalisierte Anweisungen

Implizite Hinweise funktionieren nicht, darauf möchte ich sie ausdrücklich aufmerksam machen. Sie werden gezwungen sein, klar zu formulieren, was Sie wollen. Der französische Philosoph und Schriftsteller Josef Schovanec[3] erzählt, dass ihn seine Eltern einmal vergeblich einen ganzen Nachmittag lang gesucht haben. Um Ruhe zu haben, hatte er sich in einem Busch im Garten versteckt. Natürlich konnte er hören, dass sein Name gerufen wurde, aber er hatte nicht verstanden, dass er sich melden muss, wenn man seinen Vornamen ruft. Das mangelnde Verständnis von impliziten Forderungen geht nicht immer so weit, aber wir Erwachsenen haben manchmal eine sehr verdrehte Art auszudrücken, was wir fordern. Die Formulierung »Es wäre schön, wenn du nicht bis zur letzten Minute wartest, um deine Hausaufgaben zu machen«, ist nicht dasselbe wie: »Mach jetzt deine Hausaufgaben.«

Pavel kommt in die erste Klasse. Er hat entdeckt, dass die Flure seiner Schule verdammt rutschig sind. Er ist also so lange gerutscht, bis der Direktor der Schule ihn ermahnt hat. Mit wütenden Augen und grober Stimme schimpft er mit Pavel: »Sag mal, Pavel! Rutsche ich etwa den Flur entlang?« Pavel sieht, dass der Direktor sehr wütend ist. Also sagt er leise und erschrocken: »Nein.« Aber er versteht nicht, was der Direktor von ihm will. Der Direktor hat zu keinem Zeitpunkt ausgesprochen, dass das Rutschen im Flur verboten ist. Das kann Pavel nur erraten. Solche impliziten Forderungen sind typisch für Norm-Denker. Die mental Hocheffizienten, sogar die Erwachsenen unter ihnen, entschlüsseln sie nicht. Das trägt zur Steigerung ihrer Ängste bei: Sie können jederzeit auf eine »Beziehungsbombe« treten. Die Mehrheit der Fauxpas von mental Hocheffizienten rührt daher. Sie spüren ein Unbehagen, spüren, dass etwas passiert ist, aber sie wissen nicht, was. Ich träume von einer Welt, in der die

---

[3] Josef Schovanec ist Asperger-Autist setzt sich für die Würde autistischer Personen ein.

Norm-Denker sich die Mühe machen, zu erklären, warum etwas ein Fauxpas war, oder, noch besser, eine Welt, in der Norm-Denker klar formulieren. Denn, unter uns gesagt, dieser Schuldirektor ist schon ziemlich verdreht! Warum hat er nicht nett zu Pavel gesagt: »Ich sehe, dass es dir viel Spaß macht, hier zu rutschen. Aber du musst wissen, dass das in der Schule verboten ist, weil es gefährlich ist. Du konntest es nicht ahnen, aber jetzt weißt du es. Ich will also nicht, dass du es wieder tust.« Pavel hätte das sofort verstanden. Zum Glück war Pavel eingeschüchtert, als der Direktor zu ihm gesagt hat »Sag mal, Pavel! Rutsche ich etwa den Flur entlang?«, sonst hätte er genauso gut fröhlich antworten können, ohne sich dabei etwas Böses zu denken: »Sie sollten es auch mal ausprobieren. Macht echt Spaß!«

Das Verhältnis zur Autorität

Nein, diese Kinder sind nicht absichtlich unverschämt. Sie haben nicht das Problem, immer »in Opposition« gehen zu müssen. Man muss verstehen, dass komplexes Denken ein Denken ohne Hierarchien ist. Deshalb ist ihnen dieses Konzept der »Hierarchien« so fremd und darum sprechen sie auf Augenhöhe mit allen.

Wenn man das Denken mit Wasser vergleicht, das aus einem Berg herausrinnt, dann wäre es so, dass sich beim Norm-Denker das Denken nach und nach einen immer breiteren Weg bahnt. Wer über die latente Hemmung verfügt, die Unwichtiges aussortiert, bei dem wird der Weg des Denkens immer offensichtlicher. So kommt es, dass die Norm-Denker mit der Zeit implizit erraten können, was von ihnen erwartet wird, und dass ihr Denken immer konventioneller wird. Das mäandernde Denken wird jedoch auch weiterhin in kleinen Rinnsalen fließen, ohne einen vordefinierten Pfad. Deshalb finden sich die Gedanken oft dort, wo man es nicht erwartet hat. Und das ist es auch, was ihren Charme und ihre Kreativität ausmacht. Fließendes Wasser findet intuitiv den kürzesten Weg, um den Berg herunterzukommen. Ähnlich sucht das komplexe Denken immer die effizienteste Strategie in Anbetracht der ihr zur Verfügung stehenden Informationen. In diesem Zusammenhang sind die Anweisungen, die erteilt wurden, nichts als eine Option unter vielen. Da es sich auf das angestrebte Ergebnis konzentriert, ignoriert das Kind, dass Anweisungen zu befolgen sind. Es macht, wie es denkt. Das verleiht ihm die überraschende Fähigkeit, die Spielregeln zu ändern, sie vielleicht auch zu verbessern. Aber das ist nicht das, was man von ihm verlangt. Stolz und zufrieden mit dem Ergebnis, versteht das Kind nicht, dass es sich implizit der Autorität derer widersetzt hat, die die Regeln aufgestellt haben. Da das Kind außerdem nicht weiß, dass es ein Flussbett gibt, versucht es nicht, der Gruppe beizutreten. Die Gruppe geht in eine Richtung, und das hocheffiziente Kind geht seinen eigenen Weg, ohne zu merken, dass es sich selbst an den Rand gedrängt hat, weil es vielleicht gegen den Strom schwimmt.

Sie sehen, dass dieses »freche Verhalten« nicht beabsichtigt ist, vor allem, wenn die Kinder noch sehr jung sind. Später spielen sie ganz gewitzt mit den Regeln. Dennoch bin ich davon überzeugt, dass der Großteil ihrer Frechheiten unfreiwillig bleibt. Ihr ganzes Leben lang, auch später im Berufsleben, werden sie mit verschiedenen Erwachsenen zurechtkommen müssen, die ihre Botschaften unterschiedlich überbringen werden – mehr oder weniger zweideutig –, und deren Wertesystem mehr oder weniger stringent ist. Es wird an jedem einzelnen Kind liegen, sich auf all diese Gesprächspartner einzustellen. Um sie darauf vorzubereiten, müssen Sie Ihrem Kind all dies erklären und ihm die Codes zur Verfügung stellen. Ihr Kind muss wissen: Wie auch immer die Erwachsenen die Dinge formulieren, die meisten erwarten, dass Kinder gehorchen. Einige sind sehr erpicht auf Respekt vor ihrem Rang und ihrer Autorität. Mental hocheffiziente Kinder müssen daran gewöhnt werden, dies zu berücksichtigen. Erklären Sie ihnen die Berg-Metapher. Manchmal ist es das Wichtigste, unten anzukommen. Dort kann man sich für seine Idee feiern. Es gibt aber Zeiten, in denen es die Reise ist, die zählt, da kommt es also darauf an, das Flussbett zu finden! Und dennoch: Damit diese Kinder gehorsamer sind, müssen sich die Erwachsenen ihrerseits bemühen, konsequent und charismatisch und klar in ihren Anweisungen zu sein.

Um diese Kinder mit dem Begriff der Autorität zu versöhnen, betonen Sie den koordinierenden Aspekt des Chefs. Allein geht man schneller, gemeinsam kommt man weiter, aber nur, wenn das Vorgehen gut koordiniert ist. Sie können das Bild des Schiffskapitäns benutzen, dessen Rolle darin besteht, die Handlungen der Seeleute aufeinander abzustimmen und den Kurs zu halten. Meine Lieblingsmetapher ist die des Dirigenten. Jeder Musiker ist auf seine Weise empfindsam und entwickelt eine eigene Vorstellung davon, wie das Stück gespielt werden muss. Manche denken, dass die eine Passage lauter gespielt werden sollte, damit sie intensiver klingt; oder diese hier schneller, damit sie fröhlicher klingt ... Wenn aber jeder so spielen würde, wie er denkt, dann mündete das Konzert in eine Kakophonie. Stellen Sie sich auch vor, dass bei jeder Orchesterprobe bei jedem dritten Takt ein Musiker die Interpretation des Dirigenten infrage stellt. Jeder will seine Meinung kundtun. Eine Debatte entsteht. Die Wahrscheinlichkeit, dass alle sich einigen, ist quasi gleich null. Deshalb hat Autorität ihre guten Seiten. Alle Musiker überlassen es dem Dirigenten, das Stück zu interpretieren, damit sie sichergehen, dass sie am Tag des Konzerts die perfekte Harmonie erreichen, unabhängig von der Größe des Orchesters. Musiker können in dem einen oder anderen Moment des Konzerts frustriert sein (und sind es wahrscheinlich oft!), denn wenn sie sich zugehört hätten, wären sie zu einer anderen Interpretation gekommen. Aber wenn alle sich auf den Dirigenten einlassen, wird das Stück überwältigend. Was ist also wichtig: recht zu haben oder gemeinsam etwas Großes auf die Beine zu stellen? »Und wenn der Dirigent schlecht ist?«, lautet ein Möchtegernprotest. Wenn er nicht gut ist, so wird er es auch bleiben. Der Musiker hat dann zwei Möglichkeiten: das Orchester zu verlassen oder sich auf das Vergnügen zu konzentrieren, die Musik mit den anderen zu teilen, auch wenn sie unvollkommen ist. Es sei denn, er wird selbst Dirigent ...

Das Beispiel des Schiedsrichters ist auch sehr aufschlussreich: Welche Sportart auch immer man ausübt, die Entscheidung des Schiedsrichters wird nicht infrage gestellt, auch wenn sie ungerecht erscheint. Sie können in Ihre Erziehung auch ein Kärtchensystem einführen – gelbe und rote Karten.

Selbstwertgefühl

Dank des stabilen und wohlwollenden Rahmens, den sie Ihrem Kind geben, wird es sich sicher fühlen und dadurch allmählich vertraut damit werden, wer es ist. Es wird diese seltsame Welt entdecken und Sie können beim Dekodieren helfen. Es ist auch Ihrer Autorität zu verdanken, dass es sein Selbstwertgefühl aufbaut. Das Selbstwertgefühl entwickelt sich durch Verantwortungsbewusstsein: sich verantwortlich fühlen für seine Handlungen, dafür geradezustehen, seine Fehler wiedergutmachen und sein Verhalten neu abgleichen; lernen, sich anzustrengen und ausdauernd zu sein; stolz auf den zurückgelegten Weg und auf das erzielte Ergebnis sein. Sie verstehen nun, wie sehr dieser konstruktive Weg unmöglich gemacht wird, wenn das Anderssein nicht anerkannt wird. Ihr Kind muss gelobt und ermutigt werden, aber die Komplimente müssen gut dosiert und den Umständen entsprechend sein: Zu viele Komplimente töten das Kompliment. Kinder, denen man zu oft gesagt hat, dass sie großartig sind, glauben irgendwann nicht mehr daran. Um sich weiterzuentwickeln, brauchen sie manchmal auch ein direktes und offenes Feedback. Lassen Sie zum Beispiel nicht zu, dass Ihr Kind stundenlang über sein Lieblingsthema diskutiert, gar große Reden hält. Erklären Sie ihm, dass nur es selbst an diesem Thema so interessiert ist und dass es die anderen damit langweilt. »Hochsensibel« sein bedeutet nicht »zerbrechlich« sein.

Sobald den mental hocheffizienten Kindern klar und positiv erklärt wurde, inwiefern sie anders sind, entwickeln sie Vertrauen zu sich. Nun müssen sie darin nur noch gestärkt werden. Zu wissen, wer man ist, so akzeptiert zu werden, wie man ist, und ein stabiles, bestärkendes und wohlwollendes Umfeld zu haben reicht aus, damit sich diese Kinder zuversichtlich, ruhig und glücklich fühlen. Ihre Ängste, ihr Perfektionismus, ihre Wutausbrüche, ihre Isolation sollten dadurch gut abgemildert werden.

Zeit und Raum strukturieren

Zeitmanagement ist eine große Herausforderung für Kinder im Allgemeinen, für die kleinen mental Hocheffizienten gilt das ganz besonders. Kinder, die sich nicht konzentrieren können, verfügen gleichzeitig über die Gabe, lange Zeit in Gedanken oder Aktivitäten zu versinken, und sie vergessen, dass die Zeit vergeht! Es ist sehr schwierig, sie dazu zu bringen, sich zu beeilen. Die Anweisung »Beeil dich!« lähmt sie förmlich. Es ist besser, vorausschauend zu handeln, mehr Zeitspielraum einzuplanen und streng zu überwachen: In ihrem mäandernden Denken verloren, könnten diese Kinder schnell vergessen, dass sie ihre Schuhe anziehen sollten. Um für eine schnellere Bewegung zu sorgen und gleichzeitig den Spaß zu behalten, können Sie sich eine Sanduhr oder eine Eieruhr zulegen. Als meine Kinder klein waren, hatten wir eine Uhr, auf der ein Segelboot auf dem Meer zu sehen war, mit einem schönen Sonnenschein auf der Zwölf. So hatten wir einfache Richtwerte, um die Zeit zu messen: »Wenn der große Zeiger auf der Sonne steht oder im Wasser oder an der Vorderseite des Bootes, dann ...« Wir konnten auf die Viertelstunde genau sein.

Viele mental hocheffiziente Kinder brauchen Routinen. Sie hassen das Unerwartete, Programmänderungen oder wenn etwas dazwischenkommt. Ich bin eine große Verfechterin von Routinen auch bei Erwachsenen. Nach und nach verwandeln sich Routinen in Automatismen. Und Automatismen sind viel effektiver, um sich zu organisieren, als Selbstdisziplin. Läuft etwas automatisiert ab, müssen wir nicht mehr darüber nachdenken. Dann erfordert die Tätigkeit nicht mehr viel Energie oder Motivation. Sofort aufzuräumen ist definitiv der Automatismus mit der größten Wirkung. Denken Sie selbstverständlich daran, das Hausaufgabenmachen und Duschen in die Rituale aufzunehmen!

Aufzuräumen und den Raum zu organisieren ist unerlässlich, wenn man ein komplexes Gehirn hat. Wer hat noch nie geflucht, während er diesen verdammten Schraubenzieher gesucht hat?

Wer hat nicht diese aufgeräumte Werkbank beneidet, wo alle Schraubenzieher, nach Größe sortiert, sichtbar und zugänglich sind? Genauso fängt auch ein guter Koch erst mal damit an, alle Zutaten und Utensilien, die er zum Kochen braucht, zusammenzustellen. Das erspart ihm, mit mehligen Händen den Teller im Schrank zu suchen oder mitten im Kochen zu entdecken, dass keine Eier im Kühlschrank sind. In der Luftfahrt geht man noch weiter: Es gibt Checklisten für Start und Landung. Es wäre sehr ärgerlich, das Ausfahren des Fahrwerks zu vergessen! Strenge und Organisation wirken beruhigend: Man riskiert nicht, etwas Wichtiges zu vergessen oder aus den Augen zu verlieren. Das verstärkt den Eindruck von Kompetenz und befreit uns von dem Gefühl, anderen etwas vorzumachen. Wir folgen einfach einem Verfahren. Warum sollten Sie mit Ihrem Kind nicht Checklisten für das Schlafengehen, für die Hausaufgaben oder die Vorbereitung der Schulsachen (am Abend zu erledigen und nicht am Morgen) anlegen?

All diese Mittel sollen Ihr Leben vereinfachen wie auch das Ihres Kindes. Achten Sie darauf, seine Umgebung aufgeräumt zu halten.[4]

Wenn sich ein mental hocheffizientes Kind in einen guten Rahmen eingebettet fühlt, gut strukturiert und organisiert, ist es beruhigt. Der Erwachsene ist an seiner Seite, um es vor sich selbst zu schützen. Sein übersprudelndes Gehirn befindet sich in einem geschützten Raum, wo es sich sicher austoben und losgaloppieren kann.

---

4 Zwei magische Bücher können Ihnen dabei behilflich sein: Dominique Loreau, *L'Art de la simplicité*, Édition Poche Marabout 2013 und Marie Kondo, *Magic Cleaning*, Rowohlt 2013.

Kapitel 8
Die Angst vor der Leere

Mental hocheffiziente Kinder werden häufig als »ängstlich« beschrieben. Es ist ein ängstliches Kind, also psychisch gestört. Und alle teilen Ratschläge aus, um ihm bei der Bewältigung seiner Ängste zu helfen, als wären sie naturgegeben. Ich schlage Ihnen stattdessen vor sicherzustellen, dass Ihr Kind fast keinen Grund mehr hat, ängstlich zu sein. Mein Ziel ist es, dass es auf längere Sicht keinen direkten Zusammenhang mehr zwischen »mental hocheffizient« und »ängstlich« gibt.

In meiner Praxis habe ich beobachtet, dass sehr viel Angstpotenzial verloren geht, wenn diese Kinder erfahren, wie sie funktionieren. Nein, sie sind nicht verrückt, und nein, sie sind nicht allein. Was für eine Erleichterung! Meiner Meinung nach verflüchtigen sich 80 Prozent ihrer Ängste, sobald sie verstanden haben, wer sie sind und was vor sich geht. Die restlichen 20 Prozent haben andere Ursachen, die wir uns im nächsten Kapitel näher anschauen.

Abgrundtiefe Langeweile

Sie erinnern sich, was mir die Kinder beim Lehrgang in der Schweiz gesagt haben: »Im Unterricht langweile ich mich zu Tode. Mir ist so langweilig, dass ich mich zwinge einzuschlafen, damit ich mich nicht mehr langweile.« Wir waren alle schon einmal in einer besonders langwierigen und unproduktiven Sitzung, etwa bei einer Eigentümerversammlung. Wir wissen also, von was für einer Art von Langeweile diese Kinder sprechen. Immer, wenn ich diesen Vergleich ziehe, verstehen mich meine Gesprächspartner sofort. Mit großen Augen fragen sie mich: »So sehr langweilen sie sich?« Nein, noch schlimmer! Die Eigentümerversammlung findet nur einmal im Jahr statt. Aber stellen Sie sich vor, Sie müssten jeden Tag, den ganzen Tag über, in solch einer Sitzung sitzen. Es ist genau dieses Maß an Langeweile. Da würden Sie am liebsten auch schreien, nicht wahr?

Jeden Tag im Coaching stelle ich aufs Neue fest, dass mental hocheffiziente Erwachsene von der Langeweile traumatisiert sind. Diese Langeweile beginnt im Kindergarten und verfolgt sie ihr Leben lang. Ich denke, dass sehr viele Probleme der Hocheffizienten aus dieser tödlichen Langeweile entstehen: die Ängste, die negativen Gedanken und Depressionen. Wenn die Mühle nicht mit gutem Korn mahlen kann, langweilt sie sich zu Tode. Sie läuft ins Leere, sieht alles schwarz und wird deprimiert. Ich denke, dass in vielen Fällen auch die Prokrastination ein verzweifelter Versuch ist, der Langeweile zu entkommen. Man prokrastiniert hauptsächlich bei langweiligen Aufgaben, in der Hoffnung, dass die Herausforderung, die Verspätung einzuholen, die Aufgabe interessanter macht. Einige Schüler, die sich den ganzen Tag über im Unterricht zu Tode langweilen, schaffen es einfach nicht, sich an die Hausaufgaben zu setzen. Mit solch langweiligen Aufgaben wie im Klassenzimmer weiterzumachen erscheint ihnen unerträglich.

Ein komplexes Gehirn braucht Komplexität. Wenn es über komplizierten, facettenreichen Aufgaben brütet mit der Verpflichtung, neue Verbindungen zwischen all diese Daten herzustellen, empfindet es eine Euphorie, ein akutes Vergnügen, eine

Art geistigen Orgasmus. Ja, das komplexe Gehirn jubiliert, wenn seine Komplexität genutzt wird. Das war meine Hypothese in *Ich denke zu viel.* Viele meiner Leser haben es mir bestätigt: Ja, wenn sie sich eines komplexen Themas annehmen, ist es wie Ekstase. Kürzlich zeigte ein Dokumentarfilm auf France 2, wie eine Schule für begabte Kinder funktioniert – anhand des Philosophieunterrichts. Die Kinder waren fröhlich und lebhaft bei der Sache. Ein überreiztes, hibbeliges kleines Mädchen mit leuchtenden Augen versuchte, seine Gedanken auszudrücken. Sie hatte unglaublich viel zu sagen, und es machte einen solchen Spaß zuzusehen, wie glücklich sie war, weil sie denken durfte! Mental hocheffiziente Kinder verkomplizieren die Dinge spielerisch, um den Moment hinauszuzögern, bis sie eine allzu einfache Antwort finden. 4 + 2 = ? Lasst uns alle bis 10 zählen, ein wenig multiplizieren, subtrahieren, was wir zu viel hinzugefügt haben usw. – und so haben wir einen kleinen geistigen Galopp, bevor wir »6« antworten. Viele mental Hocheffiziente behalten diese Gewohnheit aus der Kindheit bei, einfache Dinge zu verkomplizieren. Das führt dazu, dass sie sich in der Schule verheddern. Wie sich das vermeiden lässt, werden wir in Kapitel 12 sehen.

Die Langeweile beginnt in der Schule und setzt sich in der Firma fort, wo die Menschen immer weniger zum Nachdenken aufgefordert werden und zunehmend standardisierte Verfahren anwenden müssen. Nur wenige Arbeitsplätze sind intellektuell stimulierend. Wenn der mental Hocheffiziente keinen kreativen und autonomen Job hat, langweilt er sich weiterhin bei der Arbeit. Mich regt diese Verschwendung von Intelligenz und Verstand fürchterlich auf.

Unersättliche Neugierde

Was bei mental hocheffizienten Kindern am meisten auffällt, ist ihre unersättliche Neugierde und, genauer gesagt, ihre Suche nach dem Sinn. Von klein auf prasselt die Frage »Warum?« auf alle ein. Dies erklärt sich zum Teil dadurch, dass sie diese Welt (die sie nicht verstehen) dringend verstehen wollen, aber diese Suche nach dem Sinn geht weit über das einfache Verständnis ihres täglichen Lebens hinaus. Sie würden gern alles wissen wollen über alles, dazu alles verstehen und alles miteinander verbinden. Ihre Gehirne zoomen nach vorn und zurück ins gesamte Universum. Sie wollen wissen, wie die Planeten funktionieren und wie die Ameisen funktionieren, sie hätten gern sowohl ein Mikroskop als auch ein Teleskop. Die Zeit, die vergeht, fasziniert sie seit ihrem Anbeginn (sei es der Urknall oder die Dinosaurier) und bis in die ferne Zukunft (Science-Fiction, Weltraumforschung oder nachhaltiges Wachstum). Mit ihrem nichthierarchisierenden komplexen Gehirn interessieren sie sich für alles mit der gleichen Intensität und stellen Verbindungen zwischen allen Informationen her. So, und nur so, erfahren sie Sinn. Jede Idee muss ihren Platz innerhalb der Struktur haben und in Verbindung mit dem Rest der Informationen sein. Wenn ein Kind lange um eine Idee kreist, liegt es oft daran, dass sie noch nicht genügend Verbindungen zur mentalen Struktur hat, um schnell ihren Platz zu finden. Es ist also nicht nur die Angst, die das Kind unproduktiv grübeln lässt, auch wenn es beängstigend sein kann, nicht die richtigen Antworten zu finden und nicht zu wissen, was man mit der Information anfangen soll. Einige Experten glauben, dass sich das ständige Denken in ein ängstliches Grübeln verwandeln kann. Aus meiner Praxiserfahrung kann ich nur sagen, dass das nicht zutrifft. Es ist genau andersherum: Ein gut beschäftigtes komplexes Gehirn vergeudet seine Zeit nicht mit Grübeln.

Ganz ähnlich werden die »besonderen Interessen« dieser Kinder oft abwertend betrachtet. Es heißt dann, dass sie sich in eine anerkannte Aktivität stürzen, um sich einer aggressiven oder versagenden Umgebung zu entziehen. Aber warum blicken wir so negativ auf diese Fähigkeit, nichts loszulassen, den Dingen auf den Grund zu gehen und kleine Experten zu werden in dem, wofür sie sich begeistern? Manchmal ist es der Elternteil, den wir schräg angucken: Wir glauben, er will sein Kind zu einem Gelehrten dressieren. Es kann nicht sein, dass ein Kind spontan begeistert ist von mathematischen Gleichungen! Dieser Elternteil quält sein Kind!

Die Lösung lautet also, auch wenn es paradox klingt: Wenn Ihr Kind grübelt und ängstlich ist, geben Sie ihm etwas, über das es noch mehr und noch besser nachdenken kann! Stillen Sie seinen Wissensdurst, seinen Hunger nach dem Verstehen, dem Nachdenken und Kreativsein. Es besteht keine Gefahr der Überhitzung! Ein mental Hocheffizienter langweilt sich nie, wenn sein Gehirn richtig stimuliert ist, und das bedeutet: seinem Bedarf an Komplexität entsprechend und durch ein Thema, das ihm am Herzen liegt.

Überprüfen Sie jedoch einige kleine Parameter.

Diese Kinder sind überwältigend kreativ. Ihre innere Welt ist sehr reich und lebendig. Sie sind auf dem Mond, haben imaginäre Freunde, tausend Ideen, tausend Pläne ... aber, Sie ziehen es nur selten durch. Sie denken und träumen zwar laut, die Ideen werden aber oft auf halbem Weg fallen gelassen, Projekte bleiben unfertig. Sie flattern herum und verwehen. Es ist nicht gut für das Selbstwertgefühl, wenn man nie etwas Begonnenes zu Ende bringt. Mit Ihrer Hilfe wird Ihr Kind lernen, von der Idee zum

Projekt voranzuschreiten, vom Projekt zu seiner Realisierung, vorausgesetzt, es ist bereit, sich mit dem Ergebnis zu konfrontieren. Das nennt sich »Beharrlichkeit«. Sie können Steve Jobs zitieren, der meinte, es liege eine enorme handwerkliche Arbeit zwischen einer großartigen Idee und einem Produkt. Das Endprodukt sei nie das, was man sich vorgestellt habe. Man müsse immer Kompromisse eingehen.

Daher sollte man den Kindern auch beibringen, bestimmte geistige Türen zu schließen. Beginnen Sie mit der Bestätigung ihrer »Wissensbulimie«: »Ja, das wäre so schön, alles über alles zu wissen!«, und kommen Sie dann auf die Realität zurück.

1. Es ist nicht möglich, alles zu wissen.

Heutzutage sind viel zu viele Informationen verfügbar. Wir sind überfordert. Deshalb müssen wir auswählen, um uns nicht zu verzetteln. Das ist übrigens eine kommerzielle Technik: Der Verbraucher glaubt, er sei mit Markenprodukten gut versorgt, aber das Angebot ist so groß, dass er sich verirrt und Produkte nicht mehr vergleichen kann. Es gibt viele Möglichkeiten, falsch zu wählen, wenn es zu viel Auswahl gibt!

2. Alles zu wissen, ist nicht nützlich.

Informationen sind jederzeit verfügbar und zugänglich. Sobald man etwas wissen muss, reicht es, ein paar Wörter in eine Suchmaschine einzugeben. Der Computer wird uns alle verfügbaren Informationen zum Thema anzeigen. Warum sollte man also versuchen, das alles in seinem Kopf zu speichern?

> *Alles Wissen über die Wirklichkeit geht von der Erfahrung aus und mündet in ihr.*
>
> *Albert Einstein*

Bringen Sie Ihrem Kind den Unterschied zwischen Informationen (reichlich und sehr oberflächlich) und Wissen bei – also sich die Zeit nehmen, das Wissen zu vertiefen, auswendig zu lernen und anzuwenden. Welchen Sinn hat es, die Namen aller Skistationen der Welt zu kennen, wenn man nie Ski fährt? Ist es nicht besser, die Namen einiger der nahe gelegenen Bergmassive zu kennen und dort seinen Lieblingssport auszuüben?

»Aufgeben« ist ein Wort, das mental hocheffiziente Kinder nicht mögen. Für sie bedeutet »auswählen« gleichzeitig, um alle anderen Möglichkeiten zu trauern. Und da es viele Optionen gibt in ihren Köpfen, gibt es viel Grund, zu trauern. Es wird notwendig sein, solche Kinder regelmäßig daran zu erinnern, Türen zu schließen, damit sie sich auf das konzentrieren, was sie sich gemerkt haben.

Wenn man als Erwachsener als wandelndes Lexikon oder sprechendes Wikipedia dienen muss, kann das schnell anstrengend werden. Fühlen Sie sich nicht verpflichtet, alle Fragen Ihres Kindes zu beantworten: Sie sind kein Antwortenautomat.

Trauen Sie sich, zu sagen: »Ich weiß es nicht, weil ich nicht alles über alles weiß.« Ihr Kind muss auch lernen, seine Neugierde zu kontrollieren, und sie dann nach und nach selbst zu befriedigen, indem es selbst recherchiert und liest. Die Bibliothek in Ihrer Nachbarschaft wird schnell zu Ihrem Verbündeten (wenn ihr Kind einverstanden ist, die Bücher, die es gelesen hat, auch wieder zurückzugeben!).

Wagen Sie es auch, ihm zu sagen: »Das ist nicht der richtige Zeitpunkt.« Nein, Sie werden ihm nicht in diesem vollen Wartezimmer unter den Blicken der anderen erklären, wie man Babys macht. Nein, Sie werden nicht zur Schlafenszeit auf die Frage »Mama, was ist das Universum?« antworten. Manchmal stellt es nur Fragen, um mit Ihnen in Verbindung zu bleiben, Sie also mit Beschlag zu belegen. Fallen Sie nicht darauf herein. Es ist ziemlich einfach, zwischen echten Fragen und dieser Form der Beschlagnahmung zu unterscheiden: Wenn es nicht ernst gemeint ist, hört es bei der Antwort nicht richtig hin, dringt nicht tiefer ins Thema ein, springt von Hölzchen auf Stöckchen. Stoppen Sie diesen Prozess, indem Sie verbalisieren, was gerade geschieht: »Du stellst Fragen, ohne dir die Antwort anzuhören.« Finden Sie heraus, was das Kind verunsichert hat, und überlegen Sie, wie sie es am besten beruhigen. Das kann ganz einfach sein: »Wollen wir ein bisschen kuscheln?«

Nachdem Ihr Kind erfahren hat, wie es funktioniert, sollten Sie einen merklichen Unterschied feststellen – in seinem Verhalten und Funktionieren. Seine Neugierde wird besänftigt, sein Perfektionismus abgeschwächt, und das Bedürfnis, alles zu wissen, zu verstehen und zu können, wird weniger zwanghaft und weniger von Verzweiflung getrieben sein. Die Angst wird praktisch verschwunden sein. Es wird nur die Freude am Lernen bleiben.

Meditation und Entspannungsübungen für Kinder?

Seit mehreren Jahren bekommt die Achtsamkeitsmeditation viel Aufwind. Gern wird dieses Werkzeug als Wunderlösung zur Beruhigung mental Hocheffizienter präsentiert. Es gibt tatsächlich Menschen, für die das gut funktioniert. Ich bin einer von ihnen, aber ich meditiere in kleinen Einheiten und sicherlich nicht jeden Tag. Es gibt aber Menschen, bei denen das überhaupt nicht funktioniert. Während meiner Arbeit haben mir einige mental hocheffiziente Erwachsene bestätigt, dass sie die Vorteile der Achtsamkeitsmeditation schätzen. Andere wiederum mögen keinerlei Form der Entspannung oder Meditation aus einem einfachen und guten Grund: Sie langweilen sich zu Tode (schon wieder). Ich verstehe, dass für sie die Idee, einen bereits leeren Geist »zu leeren«, in der Tat zutiefst beunruhigend ist. Sport treiben, Gartenarbeit oder in der Natur spazieren gehen ist oft genauso zweckdienlich.

Aber wie ist man überhaupt zu der Auffassung gelangt, dass etwas, was zunächst nur Mönche getan haben und dann Erwachsene, für Kinder geeignet sein könnte? Meditation findet ihren Weg in Schulen und richtet sich nicht an die Lehrer, denen sie sehr helfen könnte, sondern an die Schüler. Für Kinder, die unter Druck stehen, »unruhige, zerstreute und gestresste« Kinder, soll Meditation das richtige Werkzeug sein, um sich beruhigen und konzentrieren zu können. Das heißt, dass diese Kinder, die bereits während der langen Schulstunden zur Bewegungslosigkeit verurteilt sind, mehr Zeit damit verbringen sollen, noch braver, unbeweglicher und stiller zu sein. Wozu? Um die ihnen auferlegte Bewegungslosigkeit besser ertragen zu können? Noch mehr von dem Gleichen für ein besseres Ergebnis? Gibt es eigentlich außer mir jemanden, der sich daran erinnert, dass ein Kind sich bewegen, springen, schreien und spielen muss? Wie viel Raum lassen wir Kindern heute, um all ihre herrliche Lebensenergie zu nutzen? Eines Tages werden Erwachsene für die Fettleibigkeit ihrer Kinder zur Rechenschaft gezogen werden, für ihren Bewegungsmangel, die Verschlechterung ihres körperlichen und geistigen Gesundheitszustands.

Der Nutzen der Meditation für Kinder wird langsam infrage gestellt. Australische Forscher haben festgestellt, dass Studien, die die Vorteile der Achtsamkeitsmeditation lobten, methodische Schwächen aufwiesen. Sie wollten die Auswirkungen objektiv überprüfen. Die Ergebnisse deuteten allerdings nicht nur auf geringe positive Auswirkungen bei jungen Menschen hin, sondern es konnte eine Zunahme der Angstzustände bei einigen Probanden festgestellt werden, besonders bei den Jungen.

Nicht nur funktioniert die Achtsamkeitsmeditation bei manchen Teenagern nicht, sie kann sogar Nebenwirkungen haben. Es wurde eine Zunahme von Angst, Depressionen und sogar das Risiko einer Psychose beobachtet. Es war aber auch an der Zeit, die tatsächlichen Auswirkungen dieser Praxis zu überprüfen, denn eine Vielzahl von Ländern war angesteckt – angeführt von Großbritannien; dort wurde sogar erwogen, Meditation verpflichtend in den Lehrplan aufzunehmen. Allein in London sind bereits 6000 Kinder betroffen.

Damit Kinder sich beruhigen und im Unterricht konzentrieren können, müsste man ihnen meiner Meinung nach einen spannenden Unterricht anbieten und ihnen Lebensräume überlassen, in denen sie sich frei austoben können: laufen, springen, klettern, Fahrrad fahren, schwimmen, tanzen, singen, schreien ... genau wie alle anderen kleinen Säugetiere der Erde. Das ist auch der Grund, warum ich denke, dass Sport in seiner jetzigen strukturierten und normierten Form nicht die richtige Lösung ist; das gilt insbesondere dann, wenn die Kinder zu jung Vereinssport betreiben. Denn auch dort wird dem Kind langweilig, wenn es darauf wartet, an die Reihe zu kommen und auf die Anweisungen des Trainers zu hören. Wenn das Kind wirklich frei herumtoben kann, findet es ganz einfach und natürlich wieder innerlich zur Ruhe. Wie viele Stunden am Tag verbringt Ihr Kind draußen?

Wollen Sie die Angst Ihres Kindes abschwächen, bedenken Sie, dass neben der Langeweile vor allem ein unguter Umgang mit Emotionen ursächlich sein kann (siehe Kapitel 3). Es liegt an uns Erwachsenen, Kindern beizubringen, wie sie ihre Emotionen entschlüsseln, benennen und leben können.

Schauen wir uns nun die metaphysischen Ängste an.

Kapitel 9
Instinktive Spiritualität

Wissensdurst und Sinnsuche gehen bei mental hocheffizienten Kindern weit über bloße Neugierde hinaus. Schon sehr früh stehen sie vor den großen Fragen des Lebens – gesellschaftlich, ökologisch, moralisch und sogar spirituell.

Sie reflektieren wie die alten Weisen, zeigen einen hohen ethischen Anspruch, drücken universal-humanistische Werte aus. Betrachten wir die Welt mit ihren Augen, sollten wir uns schämen! Denn diese Kinder haben eine Würde, einen Sinn für das Heilige, eine Toleranz und einen Respekt vor den Lebewesen und der Natur, die zum Nachdenken zwingen. Ihre Spiritualität ist instinktiv, archaisch, animistisch (sie schreiben auch dem Unbelebten eine Seele zu: Objekten, Pflanzen, Mineralien), sehr nahe am Schamanismus, der die älteste und universellste Form von Spiritualität ist. Man findet Zauberer und Schamanen auf allen Kontinenten und bei allen sogenannten »primitiven« Stämmen, und die Grundlage ihrer Praxis ist seltsamerweise überall auf der Welt die gleiche.[1] Vielleicht sieht Ihr Kind auch Feen und Elfen?

---

1 Wenn Sie Interesse an dem Thema haben, empfehle ich Ihnen das Buch *Paroles d'un grand-père chaman aux enfants et petits-enfants de la terre* von Patrick Dacquay, Éditions Guy Trédaniel 2014.

Das Bewusstsein der eigenen Sterblichkeit

Alle Kinder entdecken eines Tages, dass alle Lebewesen sterblich sind. Das kann zu Albträumen führen, vor allem, wenn sie sich vorstellen, ihre Eltern könnten sterben. Sie beginnen dann, Fragen über den Tod zu stellen. Im Allgemeinen findet sich diese Phase im Alter zwischen sechs und acht Jahren und gehört zum Großwerden dazu. Kinder testen unbewusst ihren Grad der Unabhängigkeit: »Wenn Mama und Papa heute sterben würden, wie weit bin ich mit meiner Autonomie? Könnte ich überleben?« Da sie erkennen, dass sie noch weit davon entfernt sind, ausreichend autonom zu sein, stimuliert diese Phase ihren Wunsch, zu wachsen. Deshalb sprechen wir über das »Alter der Vernunft« bei Siebenjährigen.

Aber bei mental hocheffizienten Kindern kommt die Frage nach dem Tod viel früher und hat philosophischere Akzente. In *Ich denke zu viel* erzähle ich die Anekdote dieses kleinen dreijährigen Mädchens, das zu ihrer 60-jährigen Nachbarin gesagt hat: »Wenn ich groß bin, wird Mama so alt sein wie du, und du wirst tot sein.« Die Nachbarin antwortete sehr schlau: »Du hast alles vom Leben verstanden, meine Liebe!« Und es stimmt: Mit ihren drei Jahren war die Kleine bereits dabei, sich eine eigene Vorstellung vom Vergehen der Zeit und von den Lebenszyklen zu machen.

So bombardiert ein mental hocheffizientes Kind häufig sehr früh Erwachsene mit pointierten Fragen über den Tod. Es ist im Sinne der Kinder, bei diesem Thema sehr klar zu sein, um keine Ängste aufkommen zu lassen, die verlegene, zögerliche oder ängstliche Antworten liefern. Wenn Sie Angst vor dem Tod haben, empfehle ich Ihnen zwei sehr beruhigende Bücher: *La Source noire* von Patrice Van Eersel und *Wenn dein Kind über den Tod sprechen will* von Jean-Jacques Charbonier. Diese Arbeit an Ihrer Angst vor dem Tod wird Ihnen zugutekommen. Wenn Sie mit Ihrem Kind über den Tod sprechen, ist es ideal, offenzubleiben: »Wir wissen nicht alles ... Manche Menschen denken, dass ... Andere wiederum denken, dass ... Meine Meinung ist ... Und du kannst dir deine eigene Meinung bilden.« Wenn Sie in irgendeiner Form religiös sind, können Sie Ihren Glauben natürlich weitergeben. Aber mit diesen nachbohrenden Kindern müssen Sie schon ein abgehärteter Theologe sein. Ein mental Hocheffizienter erzählte mir: »Als ich ein Kind war, habe ich im kirchlichen Unterricht nur eine Frage gestellt: ›Wenn Gott Liebe ist, warum hat er zugelassen, dass sein Sohn gekreuzigt wurde?‹ Ich wurde rausgeworfen und warte immer noch auf die Antwort!«

Um Ihre Erklärungen über den Tod zu vervollständigen: Denken Sie daran, Ihrem Kind zu sagen, dass sich die meisten Menschen bei diesem Thema unwohl fühlen und Angst davor haben, vielleicht weil sie nicht darüber nachgedacht haben. Man kann nicht mit jedem offen darüber sprechen. Ihr Kind sollte daher vorsichtig sein. Diesen Ratschlag muss ich auch den mental hocheffizienten Erwachsenen geben, die in lockeren Abendrunden große gesellschaftliche Debatten lancieren möchten. Euthanasie, Palliativmedizin, Organspende – das sind Themen, die generell die Stimmung trüben.

Als einen seiner Erfolgstipps nennt Steve Jobs, sich des eigenen Todes bewusst zu sein. Das könne verhindern, dass wir in einer immerwährenden Gegenwart faul einschlafen. Jobs war auch der Meinung, dass der Tod höchstwahrscheinlich dieeste Erfindung der Welt sei, ein riesiger Motivator. Denn der Tod lösche das Alte aus, um dem Jungen Platz zu machen. Das müsste Ihren jungen Leuten gut gefallen!

In diesen gedanklichen Bahnen sollten Sie in der Lage sein, Ihrem Kind zu helfen, selbst mit der Vorstellung vom Tod gelassener umzugehen. Wenn auch nur bis zu einem gewissen Punkt. Wie Woody Allen sagte: »Solange der Mensch weiß, dass er sterblich ist, kann er sich nicht völlig gehen lassen.«

Botschafter übernatürlicher Wesen und Schamanen in kurzen Hosen

Menschsein bedeutet Exil. Der Süchtige und der Künstler fühlen sich beide abgetrennt, isoliert, und beide wollen diesen Zustand überwinden und zur Ruhe kommen. Das menschliche Leid schwebt zwischen zwei Welten und kann in keiner von beiden vollständig leibhaftig werden. Da wir aus Fleisch und Blut sind, können wir nicht ins höhere Königreich vordringen. Dieser Ort gehört den Göttern. Aber wir können ihn auch nicht vergessen. Wir können die Intuition nicht ablegen, diese halbe Erinnerung an … was? An einen bestimmten früheren Aufenthalt, vor der Geburt wahrscheinlich, unter den Unsterblichen oder den Sternen. Unser Los besteht leider darin, im unteren Königreich, in der materiellen und zeitlichen Sphäre, zu bleiben, mit einer zeitlich begrenzten Dimension der Instinkte und tierischen Leidenschaften, des Hasses und der Begierde, der Hoffnung und der Angst. Wir fühlen uns zum höheren Königreich berufen, aber wir haben verdammt viel Zeit, die wir im Königreich der Sinne verbringen müssen. Das Ergebnis ist, dass wir in der Mitte steckenb leiben und den Blues haben. Wir sind alle in Schiffen aus Fleisch gefangene Engel.

Steven Pressfield[2]

Ich bin davon überzeugt, dass medial begabte Kinder – die oft als »Indigo-Kinder«[3] bezeichnet werden – dieses Gedächtnis, das Steven Pressfield beschreibt, auf sehr intuitive Weise in sich tragen. Die Welt der Götter zu verlassen und sich in einem Körper aus Fleisch und Blut zu inkarnieren, das ist ein echter Leidensweg. Dies erklärt die Schwierigkeiten, die sie damit haben können, im eigenen Körper zu leben, wie ich es in Kapitel 2 angesprochen habe. Aber der spirituelle, gar esoterische Aspekt der mental Hocheffizienten bleibt ein großes Tabu.

Mental hocheffiziente Kinder sind hochsensibel, also besonders klarsichtig. In diesem Scharfsinn muss jedoch nichts Übernatürliches sein. Sie nehmen so viele Informationen auf und manchmal so kleine Details, dass sie buchstäblich »hellseherisch« werden. Man könnte meinen, es wären Visionäre, Telepathen oder sogar Medien, also Botschafter übernatürlicher Wesen oder aus dem Jenseits. Dem kleinen Jungen, der wusste, dass das Haus in Flammen stand, hätte man zuschreiben können, ein Wahrsager zu sein, dabei war es nur sein Geruchssinn, der ihm die Information früher hat zukommen lassen. Aber warum sollte man schließlich nicht in Erwägung ziehen, dass es tatsächlich paranormale Fähigkeiten gibt?

Einige Wissenschaftler halten es für rational, zu leugnen, was sie nicht erklären können. Dabei gibt es seit eh und je Magnetis-

---

2 Steven Pressfield ist der Autor von *Turning Pro: Tap your inner power and create your life's work,* Black Irish Entertainment 2012.

3 Carolina Hehenkamp, *Das Indigo-Phänomen: Kinder einer neuen Zeit. Das Geschenk der Indigo-Kinder,* Schirner 2001.

ten, Medien, Schamanen, Heilerinnen usw. Und selbst wenn das manchen zum Lachen bringt, ihre Fähigkeiten sind echt und werden zunehmend von der Polizei oder den Krankenhäusern anerkannt, die ihre Dienste in Anspruch nehmen. Bevor sie jedoch ein erwachsener »Channel« werden, waren diese Menschen einst Kinder. Sie werden es Ihnen bestätigen: Es zeigte sich bereits in ihrer Kindheit, dass sie über besondere Gaben verfügten. Wenn sie aber keine Ahnen hatten, die selbst solche Fähigkeiten hatten, müssen sie sich sehr einsam gefühlt haben, und es war bestimmt mühsam, zu lernen, wie man damit umgeht.

Hört das Leben wirklich beim Enzephalogramm auf? Auch wenn die Kartesianer auf die Barrikaden gehen, die Nahtod-Erfahrungen werden schon seit Langem untersucht und beweisen, dass noch nicht alles vorbei ist, wenn wir auf die andere Seite gehen. Die reklamierte Rationalität grenzt immer mehr an Verleugnung. In meinen Sprechstunden hatte ich schon viele Erfahrungsberichte, viele mental Hocheffiziente haben oder hatten außersinnliche Erfahrungen. Das Paranormale ist nicht so anormal.

Ist es notwendig, alles zu leugnen, was als esoterisch gelten könnte in der Hoffnung, glaubwürdig zu bleiben? Und in wessen Augen will man dann glaubwürdig sein? Haben Sie eine Vorstellung davon, was hellseherische Kinder empfinden, die mit diesen Wahrnehmungen, mit diesen Visionen und Intuitionen alleingelassen werden? Ist es da so überraschend, dass sie »ängstlich« sind? Die Autorin Marie-Françoise Neveu[4] sagt, dass diese Kinder mit ihrer spirituellen Reinheit die Entitäten so anziehen wie ein Leuchtturm die Mücken in der Nacht.

---

[4] Marie-Françoise Neveu, *Les Enfants »actuels«: le grand défi »cerveau droit« dans un univers »cerveau gauche«*, Éditions Exergue 2006.

Sollte diese Fähigkeit, okkulte Präsenzen zu spüren, geleugnet werden wie die Ultraschallgeräusche in der Mausefalle? Das nächste Mal, wenn Ihr Kind Ihnen sagt »Ich kann nicht einschlafen, da ist ein Mann in meinem Zimmer«, könnten Sie es auch anders verstehen. Vor allem, wenn es hinzufügt: »Er steht direkt neben dir.« Nein, ich will Ihnen mit diesem Absatz keine Angst einjagen, sondern Sie vielmehr dazu bringen, die übernatürlichen Aspekte zu bedenken, mit denen Ihr Kind möglicherweise konfrontiert ist. Vielleicht kommt diese morbide Anziehung für Zombies von dort?

In jedem Fall, wenn Ihr Kind meint, die Anwesenheit von jemandem im Zimmer zu spüren, wenn es glaubt, unter seinem Bett wären Geister, spielt es keine Rolle, ob es wahr ist oder nicht. Möglich wäre es, darauf auch so zu reagieren: Sagen Sie ihm, dass manche Menschen tatsächlich Dinge aus einer anderen Welt oder einer anderen Dimension wahrnehmen können, und nur weil die Menschen um es herum sie nicht auch wahrnehmen, heißt das nicht, dass diese Wahrnehmung falsch sein muss. Diese Entitäten, die es wahrnimmt, sind zweifellos wie »verlorene Seelen, die ihren Weg zum Licht wiederfinden müssen«. Ich sage es in meinen Worten. Wählen Sie die Worte, die Ihnen am besten gefallen! Um sie loszuwerden, kann das Kind in Gedanken eine superglänzende Rutsche bauen oder einen goldenen Aufzug und diesen okkulten Präsenzen sagen: »Das Licht ist in dieser Richtung!« Und dann stellt es sich vor, wie die Schatten zum Licht aufsteigen. Wenn dann andere Entitäten kommen und es im Bett stören, können Sie ihm den Trick beibringen, sich geistig eine goldene Kugel zu bauen, in der es sich zusammenrollt (Marie-Françoise Neveu präzisiert, dass sie für mehr Effizienz mit einer elektrischen blauen Membran überzogen sein muss) und sich vorstellt, wie die Entitäten nicht in die Kugel vordringen können und an deren Wand abrutschen. »Los, geh und nimm die Rutsche!« Bei Kindern, die sich mit symbolischen Bildern wohlfühlen, kann so etwas ziemlich gut funktionieren.

Obwohl ich ganz offen dafür bin, liegen die esoterischen Aspekte der mentalen Hocheffizienz außerhalb meines Fachgebietes. Darüber hinaus gibt es auf diesem Gebiet eine reale Gefahr »abzurutschen«. Aus diesem Grund empfehle ich Ihnen, sehr vorsichtig zu sein und mit Bedacht zu handeln. Noch einmal: Die Bücher *Wenn dein Kind über den Tod sprechen will* von Jean-Jacques Charbonier, *La Source noire* von Patrice Van Eersel sowie *Les Enfants »actuels«* von Marie-Françoise Neveu erscheinen mir eine gute erste Annäherung an dieses Thema. Vielleicht kennen Sie auch jemanden in Ihrem Umfeld, der paranormale Kräfte hat und mit Ihrem Kind sprechen könnte oder der es befreien könnte, wenn Entitäten es bedrängen? Schließlich kann Feng-Shui auch dabei helfen, das Schlafzimmer des Kindes gesund umzugestalten.

Zum Thema der Achtsamkeitsmeditation möchte ich noch etwas hinzufügen. Wenn Ihr Kind ein angehender Schamane ist, kann die Meditation zu erschreckenden Bewusstseinserweiterungen führen: Dies sind tatsächlich die berühmten »Psychoserisiken«, die die australischen Forscher beobachtet haben. Nehmen Sie in einem solchen Fall Kontakt zu einem echten Schamanen auf, um Ihrem Kind zu helfen, mit dieser Macht umzugehen. Aus diesem Grund meditiere ich in Maßen.

Vom Perfektionismus zur Exzellenz

Neben der Langeweile und der Sinnsuche ist der Perfektionismus eine weitere Angstquelle für mental hocheffiziente Kinder. Ich denke, ein großer Teil dieses Perfektionismus erklärt sich dadurch, dass sie sich unverstanden fühlen. Sie werden überall kritisiert und abgelehnt und kommen zu dem Schluss, dass sie nicht genug sind. Sie sagen sich dann: »An dem Tag, an dem ich perfekt sein werde, wird man mich nicht mehr kritisieren und mich lieben.« Diese Dringlichkeit, perfekt zu sein, nimmt ab, sobald sie erfahren, wie sie funktionieren. Aber sie bleiben immer noch sehr anspruchsvoll, vor allem mit sich selbst. Die Welt ist voller berühmter Perfektionisten: Steve Jobs, Michelangelo usw. Sich auf Details zu versteifen, kann eine großartige Qualität sein. Aber zu viel ist zu viel! Es ist also Zeit, ihrem kleinen Genie den Unterschied zu erklären zwischen »Exzellenz« und »Perfektion«. Das erspart ihm Zeit und Energie für den Rest seines Lebens! Oft bringt eine kleine Zeichnung mehr als eine große Rede, die folgende verwende ich in meiner Praxis:

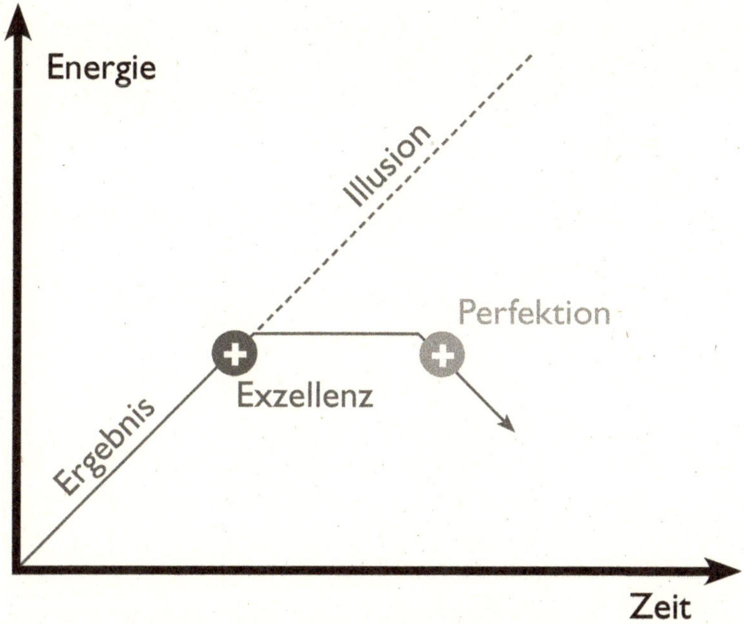

Obwohl mich ein Perfektionist darauf hingewiesen hat, dass diese Grafik aus mathematischer Sicht völlig ungenau ist, drückt sie gut aus, was ich erklären möchte. Wenn man etwas tut, verbraucht man Zeit und Energie (körperliche Energie, geistige oder beides). Mit dieser Zeit und dieser Energie erzielt man ein Ergebnis. Bis zu einem gewissen Punkt gilt: Je mehr Zeit und Energie man in sein Projekt steckt, desto besser wird das Ergebnis. Der Perfektionist lebt aber in der Illusion, dass er zwangsläufig immer besser wird, bis er die Perfektion erreicht. Aber er irrt sich, denn ab einem bestimmten Punkt gehen Dinge schief. Man arbeitet umsonst: Das, was man tut, bringt keinen Mehrwert mehr, und wenn man fortfährt, kann man am Ende sogar die ganze Arbeit kaputtmachen. Es ist die zusätzliche Farbschicht, die nicht trocknet, oder die eine Wiederholung zu viel, die uns durcheinanderbringt. Der Unterschied zwischen Exzellenz und Perfektion besteht darin, zu fühlen, wann die Zeit kommt, ab der wir anfangen, vergeblich zu arbeiten, und es besser wäre, kurz vorher anzuhalten. Man sollte 90 Prozent anstreben statt 100 Prozent. Bei 90 Prozent hat man seine Zeit und Energie optimal genutzt. Steve Jobs hat die Grenzen des Möglichen verschoben und Außergewöhnliches geleistet. Aber er hat auch seine Mitarbeiter sehr gestresst und viel Zeit und Geld an Apple verloren. Indem die gesamte Fabrik blau angemalt werden sollte, gelangte Staub hinein, der die Mikroprozessoren schädigte. Und war es wirklich notwendig, dass die Schrauben im Inneren der Computer vergoldet sind? Hätte Steve Jobs, wenn er meine kleine Grafik gesehen hätte, vielleicht sein Stress- und Anspruchsniveau ein wenig gesenkt?

Perfektionismus schließt sich in eine binäre Logik ein: Erfolg oder Misserfolg, alles oder nichts, immer oder nie, jetzt oder nie, niemand oder alle usw. Das alles muss überdacht und neu ausgelegt werden, mit mehr Zeit. Kann etwas ein bisschen verfehlt sein, aber trotzdem gut gelungen? Kann man vorankommen und sich verbessern? Kann es ab und zu kleine Fehltritte geben? Auf einer Skala von 0 bis 10 (wobei 0 und 10 verboten sind!): Für wie gelungen schätzt du die eigene Arbeit ein?

Der andere Nachteil am Perfektionismus ist, dass in dieser Welt nichts perfekt ist und dass die Perfektionisten, statt sich mit einem unvollkommenen Ergebnis zufrieden zu geben, lieber gar nichts machen. Die Kombination von Perfektionismus und Angst vor Langeweile führt zur Prokrastination. Die Angst vor dem Versagen blockiert den Perfektionisten komplett. Er dreht sich in seinem Kopf im Kreis, baut dort eine perfekte Welt, die aber völlig irreal ist. Trotzdem ist es angenehmer, ein Schokoladen-Eclair zu essen, als von einem Hochzeitskuchen zu fantasieren. Es ist besser, zur Erde zurückzukehren.

Dabei ist es in Ordnung, nach Exzellenz zu streben. Dafür muss man sich allerdings vom Idealismus verabschieden und wieder realistisch werden. Arbeit und Willenskraft liefern bessere Ergebnisse als Talent und Glück. Hier geht es nicht darum, den Wert der Qualität geringzureden, denn mir geht es nicht darum, plötzlich zu pfuschen oder schlechte Qualität abzuliefern. Aber es braucht viel Geduld, Ausdauer und Beharrlichkeit, den Perfektionismus herunterzufahren, während man gleichzeitig nach Exzellenz strebt. Auch das Scheitern ist ein Wert an sich, den wir anerkennen sollten. Wussten Sie, dass Babys das Versagen lieben? Jedes Mal, wenn das Ergebnis nicht ihren Erwartungen entspricht, sind sie fasziniert und wollen neugierig verstehen, warum. Oft bringt sie die Überraschung zum Lachen. Affen bewahren sich diese kostbare Qualität. Warum haben wir Menschen dieses Talent zum Scheitern verloren?

Angesichts unserer zu großen Erwartungen sollten wir lernen, Niederlagen herunterzuspielen: Man lernt durch Wiederholung (mental hocheffiziente Kinder hassen es!) oder durch die Dynamik von Versuch und Irrtum. Man muss keine Angst haben, zu verlieren, es reicht, wenn man den Grund für den Fehler möglichst rasch findet.

Um den Perfektionismus hinter sich zu lassen, sollte man seine Erwartungen an der Wurzel packen und lernen, die eigene Leistung anzuerkennen, auch wenn sie nicht exakt den Erwartungen entspricht. Ihr Kind muss Ihre bedingungslose Liebe fühlen, um die eigenen Anforderungen senken zu können. Nennen Sie ihm Beispiele: Gefällt uns ein Baum mehr, weil er gerade ist? Was ist eine perfekte Katze?

Der Neurowissenschaftler Idriss Aberkane[5] sieht das Versagen sogar als Auszeichnung. Wenn wir das Versagen dramatisieren, lähmt uns das und hindert uns daran, einen neuen Versuch zu starten. Welche Innovation könnte vom Klassenbesten ausgehen, er ist doch viel zu angepasst, um innovativ zu sein. Das Motto im Silicon Valley lautet: »Macht Fehler, macht sie schnell!«

Ich habe mich entschieden, den Perfektionismus an dieser Stelle des Buches zu behandeln, denn ein Großteil des Perfektionismus mental hocheffizienter Kinder kann mit einer Form von geradezu religiösem Eifer einhergehen. Sie wären gern perfekt, denn sie haben ein Wertesystem, das sich aus Absolutheiten zusammensetzt. Darüber hinaus haben sie Schwierigkeiten, zu akzeptieren, dass sie sterblich sind. Sie müssen die Demut wiedererlangen, Menschen zu sein und keine Engel.

---

[5] Idriss Aberkane, *Libérez votre cerveau,* Robert Laffont 2016.

Geduld und Ausdauer

Mental hocheffiziente Kinder lernen unglaublich schnell, aber bei der ersten kleinen Schwierigkeit können sie völlig entmutigt auf stur schalten. Wie immer machen sie einfache Dinge schwer. Dann haben sie Angst festzustellen, dass sie dumm sind. Aus Angst vor Langeweile laufen sie vor allem weg, was langweilig erscheint. Doch dies alles sind schlechte Gründe, um etwas an den Haken zu hängen.

Man muss ihnen erklären, dass das Lernen in Phasen funktioniert. Zuerst geht es sehr schnell, und dann, wenn man zum Kern des Themas vordringt, wird es langwierig und, ja, vielleicht tatsächlich langweilig. Aber sobald man diese Phase überwunden hat, macht es wieder richtig Spaß, bis zur nächsten Phase, wo man wieder den Eindruck hat, nicht von der Stelle zu kommen. Wenn man eine Fremdsprache lernt, ist es zum Beispiel eine wahre Freude, die ersten Wörter zu lernen, in der Lage zu sein ein paar Sätze zu formulieren und einiges in Dialogen zu verstehen. Aber wenn man sich nicht intensiv mit der Grammatik und Rechtschreibung der Sprache beschäftigt, bleibt das Wissen begrenzt, und man macht keine Fortschritte mehr. Grammatik und Rechtschreibung sind selten lustig. Aber sie sind unabdingbar, ähnlich wie man ohne ein Skelett auch nicht tanzen kann. Beim Lernen gibt es immer ein Skelett, eine Basis: Die Musiklehre ist die Basis für die Musik, der Muskelaufbau die Basis für den Sport, der klassische Tanz die Basis für alle anderen Tänze ... und sogar die Haute Cuisine hat ihre Grundlagen.

Der Unterschied zwischen den Meistern und den anderen ist, dass die Meister diese Zwänge akzeptieren. Ich kenne einen Karatelehrer, der zu seinen Schülern sagt:

»Wer die Bewegung zehnmal gemacht hat, hat die Erfahrung von jemandem, der die Bewegung zehnmal gemacht hat.

Wer die Bewegung 100-mal gemacht hat, hat die Erfahrung von jemandem, der die Bewegung 100-mal gemacht hat.

Wer die Bewegung 10 000-mal gemacht hat, hat die Erfahrung von jemandem, der die Bewegung 10 000-mal gemacht hat. Das ist alles.«

Je eher man die langweilige Seite des Lernens akzeptiert und nicht versucht, sich davor zu drücken, desto sicherer ist man, schnell und weit zu kommen. Das nennt sich Geduld und Ausdauer.

Ein Wertesystem, das aus Absolutheiten besteht

Der letzte Aspekt der Spiritualität dieser Kinder, den ich nun ansprechen möchte, ist ihr Wertesystem, das aus Absolutheiten besteht. Mental hocheffiziente Kinder haben eine sehr ideale Vorstellung davon, was Offenheit, Freundschaft, Gerechtigkeit, Respekt usw. sind.

Die meisten Erwachsenen, die ich im Coaching treffe, sind in diesem zu extremen Wertesystem gefangen geblieben, da sie auf keine Erwachsenen getroffen sind, die sich die Mühe gemacht haben (oder in der Lage sind), ihrer Argumentation zu widersprechen. Ohne jemanden, der auf ihrem Niveau geistiger Komplexität widerspricht, können sie nicht lernen, zu differenzieren und die eigenen Glaubenssätze zu relativieren. Das macht ihnen Angst und macht sie unglücklich, und gleichzeitig erscheinen sie dadurch naiv.

Um ihr Weltbild wieder zurechtzurücken und auf ein angemessenes Niveau zu reduzieren, braucht es Gegenbeispiele. Die kindlichen Wertvorstellungen müssen als extrem oder gar absurd entlarvt und eingeordnet werden. Ist es besser, nett zu sein oder am Leben zu bleiben? Thematisieren Sie das Für und Wider und die Grenzen jeden extremen Denkens.

Das wird auch Sie zum Nachdenken bringen und Ihren Horizont erweitern. Provozieren Sie ruhig ein wenig, beziehen Sie sich auf die Philosphie und vor allem: Es sollte ihnen ernst sein mit dem Entdramatisieren. Diese Kinder nehmen das Leben viel zu ernst. Bringen Sie wieder Leichtigkeit hinein, das wird auch Ihnen guttun. Ihre Kinder werden es lieben, mit Ihnen über solche Themen zu diskutieren und darüber nachzudenken. Aber seien Sie darauf gefasst, dass sie Sie mit ihren treffenden Argumenten leicht überfahren können. Dennoch sollten wir ruhig zu unserer unperfekten Welt stehen, statt uns den Schlüssen der Kinder zu unterwerfen.

Zum Beispiel: Die Menschen sind, da sie keine Götter sind, fehlbar. Sie haben ihre Ängste (also ihre Abwehrreflexe), ihr Leid (also ihre negativen Reaktionen), ihre Vorurteile (wie das Kind auch), ihre kleinen Gemeinheiten, ihren Egoismus und ihre Widersprüchlichkeiten (oft unbewusst). Man muss mit all dem umgehen. Kann man einem Löwen, der einen Dorn in seiner Tatze stecken hat, vorwerfen, dass er knurrt, wenn man sich ihm nähert? Der Zeichentrickfilm *Kirikou und die Zauberin*[6] illustriert sehr gut, was ich sagen möchte.

Hier einige durchaus provokative Anregungen für Diskussionspunkte, die den Verstand anregen.

---

[6] Zeichentrickfilm von Michel Ocelot aus dem Jahr 1998.

Die Lüge. Ungefähr im Alter von acht Jahren lernt man, zu lügen. Das gehört zur Palette menschlicher Ausdrucksmöglichkeiten. Man muss genauso schweigen können, also durch Weglassen lügen, wie Auswege und diplomatische Formeln finden und sogar Geschichten erfinden können. Lassen Sie sich davon nicht aus dem Tritt bringen! Vermitteln Sie Ihrem Kind, zwischen einer Absicht und einer Handlung zu unterscheiden. Manchmal lügt man und meint es gut. Dann lügt man, um nicht zu verletzen, um sich Ärger zu ersparen, oder um sich und seinen geheimen Garten zu schützen, um eine Freude zu machen … Statt direkt zu sagen, dass man diese Frisur oder jenen Pulli überhaupt nicht mag, kann man das Problem umgehen, indem man sagt: »Das ist ganz dein Stil …« Der Unterschied zwischen »Heuchelei« und »Diplomatie« liegt in der Absicht. Die mental Hocheffizienten, die Kleinen wie die Großen, sind zu durchschaubar. Sie müssen lernen, weniger von sich preiszugeben und ihre Intimsphäre zu verteidigen. Sie müssen wissen, wann sie am besten schweigen. Denn sie sollten nicht immer laut denken und nicht alles aussprechen, was ihnen durch den Kopf geht.

Die Freundlichkeit. Das ist ein wahrer Wert, und die Gesellschaft bräuchte mehr davon, denn Freundlichkeit ist ein Gemeingut von großer Beständigkeit. Zurzeit gibt es aber zu viele Menschen, die es als Schwäche ansehen, wenn man freundlich ist, als Dummheit und Unreife. Aus diesem Grund muss man mit der eigenen Freundlichkeit mit Bedacht umgehen und sich auch im Zwischenmenschlichen nicht über den Tisch ziehen lassen. Wird es gewürdigt und geschätzt, dass ich freundlich bin? Ab welchem Zeitpunkt riskiere ich damit, für dumm verkauft zu werden, unterwürfig oder feige zu wirken?

Verdient es mein Gegenüber, dass ich freundlich bin? Menschen, die sich anderen spirituell überlegen fühlen, neigen dazu, zu leugnen, dass es so etwas wie das Böse und boshafte Menschen überhaupt gibt. Diese vorgebliche engelsgleiche Güte der Welt ist ungerecht und heftig gegenüber all jenen, die schon einmal Opfer von Boshaftigkeit geworden sind.

Nein, nicht alle Menschen sind gut ... Manche haben sogar extrem böse Absichten! Wir Erwachsenen sollten das den Kindern beibringen.

Der Individualismus. Viele Menschen beschweren sich mit Recht über die aktuelle Vorherrschaft des Individualismus. Dabei hat der Individualismus auch seine guten Seiten: Wenn ich mich um mich und um meine Probleme kümmere, gehe ich den anderen damit nicht auf die Nerven. Dabei möchte ich betonen, dass das Leben kein Ponyhof ist, wir uns ein Bad einlassen und zur Massage gehen sollen. Es bedeutet vor allem, sich den eigenen Problemen mutig zu stellen: sich mit den eigenen Finanzen zu beschäftigen; einen Haushaltsplan aufzustellen; Schulden zu bezahlen; zu lernen, Nein zu sagen; sich um die eigene Wohnung zu kümmern; zu prüfen, mit wem man Umgang hat; den Arbeitsplatz zu wechseln; möglicherweise ein Studium aufzunehmen usw. Wenn man allen Menschen beibringen könnte, dass sie selbst für ihre physische und psychische Gesundheit verantwortlich sind, für den Umgang mit den eigenen Gefühlen und für die eigenen Handlungen, könnte der Individualismus sogar zur Tugend werden. Wir würden dann unser Leben und unsere seelische Verfassung besser im Griff haben. Also: Bevor man sich so sehr um die Probleme der anderen kümmert, dass man sich selbst dabei vergisst, sollte man bei sich selbst anfangen und den anderen ein aufgeräumtes Ich präsentieren. Da steckt viel Altruimus in dieser Art des Individualismus, nicht wahr?

Das Geld. Unter dem Einfluss der US-amerikanischen Kultur spielt die Frage eine immer größere Rolle, ob man Geld in der Tasche hat oder nicht; ein Thema, das uns keine Ruhe lässt. Um Geld zu haben, muss man raffgierig und herzlos wie Dagobert Duck sein. Also ist Geld zu haben etwas Schlechtes. Aber kein Geld zu haben, bedeutet, dumm und faul zu sein wie Donald Duck. Also ist das auch schlecht. Was für eine schreckliche Zwickmühle! Deshalb mag ich die sehr objektive Herangehensweise von Yuval Noah Harari in seinem Buch *Eine kurze Geschichte der Menschheit.*[7] Er definiert Geld als das universellste und effizienteste System des gegenseitigen Vertrauens, das jemals erfunden wurde. Das Geld hat den Tauschhandel ersetzt. Und tatsächlich ist es besser, ein paar Münzen in der Tasche zu haben, als überallhin die Apfelkiste, den Ölkrug oder die eigene Schafherde mitzuschleppen. Außerdem ist es nicht einfach herauszubekommen, wie viele Apfelkisten ein Schaf kosten soll. Geld ermöglicht es, schnell und einfach den Wert der unterschiedlichen Waren zu vergleichen.

Statt es zu verteufeln, müssen wir lernen, das Geld als ein edles Material anzusehen. Es ist ein Mittel, aber kein Selbstzweck. Wie Dagobert Duck in einem Pool voller Goldmünzen zu schwimmen ist kompletter Bullshit. Meinen Klienten sage ich, dass Geld quasi eine neutrale Energie ist und sehr symbolisch dafür, wie die Energie in unseren Leben fließt. Wo ist sie gut eingesetzt? Wo wird sie verschwendet? Wer raubt uns möglicherweise unsere Energie? Wir sollten jedenfalls als Botschaft

---

7 Yuval Noah Harari, *Eine kurze Geschichte der Menschheit,* Pantheon 2015.

vermitteln, dass es die Aufgabe aller Erwachsenen ist, zu lernen, Geld zu verdienen und es klug zu verwalten. Beachten Sie dabei bitte, dass Ihr Kind absolut selbstlos handeln möchte, es quasi ein angehender ehrenamtlicher Mitarbeiter ist! Bringen Sie ihm bei, dass jede Leistung eine Bezahlung verdient. Der Schamanismus befürwortet den egalitären Tausch, auch um Machtspiele zu vermeiden. Nichts im Leben ist umsonst. Es gibt immer jemanden, der bezahlt hat. Wenn etwas sehr billig ist, dann liegt es daran, dass der Produzent eine dritte Person bestohlen hat. Wenn etwas kostenlos ist, dann werden Sie zur Ware!

Die Ungerechtigkeit. Die Last der Ungerechtigkeit quält mental hocheffiziente Kinder besonders. Sie, die sonst so friedlich und der Wut abgeneigt sind, können sehr heftig reagieren, wenn sie etwas als ungerecht empfinden. Sie erleben es als emotionale Folter, Ungerechtigkeiten mit anzusehen. Wie soll man mit ihnen über Ungerechtigkeit sprechen, ohne sie in ihren Überzeugungen zu verletzen? Ungerechtigkeit gibt es seit Menschengedenken, aber nicht immer dort, wo man es erwartet. Manche Menschen können sehr gut jammern und geben einem das Gefühl, unglücklicher zu sein als die anderen, aber das stimmt nicht unbedingt. Was der eine als ungerecht empfindet, kann dem anderen fair vorkommen (etwa eine Beförderung bei der Arbeit). Manchmal kennen wir auch nicht den Anfang der Geschichte oder alle Seiten, um wirklich verstehen zu können, was los ist. Eine Person zum Beispiel, die sich über die Gemeinheit des Vermieters beschwert, während sie die Miete nicht bezahlt, ist kein Opfer.

Wie man es auch betrachtet, ein Problem hat eben viele Facetten. Nehmen wir als Beispiel einen Stau in einer Wohnstraße. Vom Erdgeschoss aus betrachtet, wurden drei Wagen durch den ersten angehalten. Man könnte meinen, das rote Auto sei schuld. Wenn man in den dritten Stock geht, kann man sehen, dass ein Lastwagen an der Ecke Waren ausliefert und dass dieser Wagen das rote Auto von der Weiterfahrt abhält. Nähmen wir nun eine Drohne, um den Verkehr in der Stadt zu beobachten, können wir sehen, wie der Verkehr zu welcher Tageszeit läuft und an welcher Stelle sich am wahrscheinlichsten ein Stau bildet. Statt nun den Fahrer des roten Autos zu beschimpfen, wäre man besser Stadtplaner und könnte das Problem auf der höchsten Ebene angehen. Dasselbe gilt für alle Probleme dieser Welt. Internationale Konflikte können nur auf höchster Ebene gelöst werden. Aber wie in der Geschichte mit dem Kolibri und dem Feuer: Jeder kann seinen Beitrag leisten.

Die Sinnsuche berücksichtigen, das Leben entdramatisieren

Ich denke, dieses absolute Bedürfnis nach Wahrheit, Authentizität und Güte und dieser Horror vor der Lüge und der Inkonsequenz sind bei mental hocheffizienten Kindern besonders ausgeprägt, gerade wenn sie nicht verstehen, was wirklich los ist. Sobald sie erfahren, wie und wer sie sind, rückt sich alles zurecht. Ich habe oft miterlebt, wie diese Kinder auf einmal ein neues Verständnis für die armen unperfekten und unlogischen Wesen, die wir Menschen nun einmal sind, entwickeln konnten.

Aber der Perfektionismus und das Ungerechtigkeitsempfinden sind auch Teil einer spirituellen Suche. Helfen Sie Ihrem Kind, sich zu beruhigen und das Leben zu entdramatisieren. Ja, der Mensch ist zum Schlimmsten fähig, aber auch zum Besten. Es gibt Menschen, die Tiere quälen und töten, und dann gibt es jene, die wahnsinnige Risiken eingehen, um Tiere zu retten. Es gibt Schießpulver. Manche Menschen benutzen es für die Jagd und den Krieg, und andere Menschen benutzen es, um tolle Feuerwerke zu veranstalten. Das Böse und das Gute koexistieren seit jeher in der Welt, und vielleicht gibt es das eine, damit wir das andere besser wertschätzen können.

Wie der Autor Steven Pressfield, den ich weiter oben bereits zitiert habe, sagt, sind Menschen Engeln gleich, gefangen in Gefäßen aus Fleisch und Blut. Hochsensibel wie sie sind, werden mental hocheffiziente Kinder unzählige Male am Tag schockiert, verletzt oder entmutigt von dem, was um sie herum geschieht. Aber sie können auch lernen, sich ihrer Hochsensibilität zu erfreuen und alle positiven Aspekte des Lebens zu schätzen, vom Wunder der aufblühenden Rose bis zum zweiten Klavierkonzert von Dmitri Schostakowitsch, von dem ich gerade den zweiten Satz, das Andante, liebe. In einem Gefäß aus Fleisch und Blut zu stecken kann richtig Spaß machen.

Kapitel 10
Soziale Regeln

Der Mensch ist ein Herdentier, er kann nicht ganz allein für sich leben. Nicht einmal der legendäre Eremit in seiner Grotte könnte den ganzen Tag meditieren, wenn ihm nicht jemand etwas zu essen brächte. Wir hängen alle voneinander ab, die angebliche Selbstverwirklichung, die wir durch den Individualismus erlangen, ist eine Illusion. Soziale Beziehungen sind für das Wohlbefinden des Menschen nun einmal am wichtigsten. Wir haben alle das Bedürfnis, wenigstens für eine Person wichtig zu sein. Berührungen, kuscheln, lächeln und Komplimente sind die beste Medizin. Die Niedergeschlagenheit, die sich überall breitgemacht hat, wäre schnell überwunden, wenn wir alle einen freundlichen und wohlwollenden Umgang pflegten. Es ist aber nicht einfach, Beziehungen aufzubauen, vor allem dann nicht, wenn man ganz unterschiedlich gestrickt ist. Norm-Denker und mental Hocheffiziente haben in Beziehungen nicht die gleichen Bedürfnisse und nicht die gleiche Art, eine Bindung herzustellen. Auf beiden Seiten gibt es ein System von Codes und Werten, aber sie sind nicht dieselben. Mental Hocheffiziente etwa befürworten die Bio- und Neurodiversität und sehen Unterschiede als Bereicherung an. Wenn jeder gibt, was er kann, muss das nicht aufgerechnet werden. Hocheffiziente geben ohne jeden Hintergedanken und verstehen nicht, dass andere Menschen das ausnutzen. Umgekehrt denken die Norm-Denker, dass Harmonie durch Konsens und Maßhalten entsteht. Demnach ist es Sache des Individuums, sich an die Gesellschaft anzupassen, und nicht Aufgabe der Gesellschaft, sich so aufzufächern, dass jeder Platz hat. Wer integriert werden will, muss sich eben an die Mehrheit anpassen. Werden die Codes respektiert, gibt es keine Probleme. Aber diese impliziten Codes muss man erst einmal kennen, und die mental Hocheffizienten können sie nicht immer lesen.

Weil sie sich nicht anpassen können, werden mental Hocheffiziente viel kritisiert und oft abgelehnt. Und selbst wenn sie den Kraftakt schaffen und sich an die Codes der Norm-Denker anpassen, kommen die mental Hocheffizienten nicht auf ihre Kosten und fühlen sich auch nicht besser eingebunden. Sie langweilen sich auf Partys, fühlen sich bei der Arbeit nicht zugehörig. Bei mental hocheffizienten Kindern ist es ähnlich. Selbst wenn sie auf dem Pausenhof nicht von den anderen verstoßen werden, fällt es ihnen schwer, mit ihren Mitschülern zu spielen. Sie erzählen mir: »Meine Freunde sind solche Fußballfans! Sie kennen alle Spieler, alle Spiele und sammeln Fußballkarten. Aber ich interessiere mich nicht für Fußball. Ich finde es furchtbar, dass es in den Pausen um nichts anderes als Fußball geht.« Bei den Mädchen ist es nicht besser. Sie sprechen über Schauspieler, Sängerinnen, Fernsehserien oder Mode. Das sind keine sexistischen Kategorisierungen, das ist die Realität auf dem Pausenhof. Bis zur Sekundarstufe vermischen sich Mädchen und Jungen nicht, ihre Interessen sind sehr begrenzt. Um Tom zu trösten, der Fußball nicht mag, habe ich gesagt: »Statistisch gesehen seid ihr drei mental Hochbegabte pro Klasse. Du musst die anderen mental Hochbegabten finden, mit ihnen kannst du besser zurechtkommen.« Tom antwortete bestürzt: »Ich weiß, wer die beiden anderen mental Hochbegabten in meiner Klasse sind. Es sind Mädchen!« Einige Kinder trauen sich, zu sagen, dass sie die Schüler in ihrer Klasse dumm und uninteressant finden. Erinnern Sie sich an Loïcs Sohn, der weiter vorn im Buch vorkam und unter Tränen fragte, warum selbst die größten Idioten aus einer Klasse Freundschaften knüpfen können und er nicht.

Ich bekomme regelmäßig mit, wie einsam und entmutigt die mental Hocheffizienten in dieser überwiegend normdenkenden Welt sind. Selbst wenn sie mitten unter Menschen sind, bleiben sie allein und unverstanden. Wenn sie versuchen, Kontakte zu knüpfen, sind sie auf der Hut, und trotzdem schießen sie ungeahnt einen Bock, fühlen sich verlegen oder beschämt und wissen nicht, wieso. Während eines Workshops zum Thema Selbstaffirmation hatte ich Gelegenheit, das gesamte Ausmaß dieser Einsamkeit und des Leids näher zu betrachten. Wie so oft waren alle Teilnehmer mental hocheffizient. Die Mehrheit waren Erwachsene, mit Ausnahme von Manon und Julie, 14 und 15 Jahre alt. Sie waren mit ihren Müttern gekommen, denn diese waren der Meinung, ihre Töchter müssten lernen, Nein zu sagen. Am Ende des Workshops brach in der letzten Runde Manon in Tränen aus. Es war das erste Mal, dass sie so viele Menschen getroffen hatte, die »wie sie« waren, sodass sie in einer Gruppe sie selbst sein und spüren konnte, es wurden ihr nur Akzeptanz und Wohlwollen entgegengebracht. Die Gruppe hat sie natürlich sofort getröstet. Ja, meine Liebe, es gibt Menschen wie dich, und es stimmt, dass es viel einfacher ist, sich mit ihnen zu verstehen. Wie schade, dass sie dir nicht schon früher begegnet sind!

Verstehen, um sich anzupassen

Dennoch müssen Sie Ihr Kind mit der Realität konfrontieren. Norm-Denker bilden die Mehrheit, sie machen 80 bis 85 Prozent der Bevölkerung aus. In der Welt, die nach ihren Regeln funktioniert, muss sich der Einzelne an die Gesellschaft anpassen. Aber um sich anzupassen, muss man die innere Logik verstehen!

Für Norm-Denker ist es am wichtigsten, den Zusammenhalt der Gruppe aufrechtzuerhalten. Dabei ist das auch für sie nicht immer einfach. Sie gehen dafür eine Menge Kompromisse ein. Zunächst vermeiden sie sorgfältig alles, was zu Konflikten führen und die Gruppe sprengen könnte, einschließlich jedes Gesprächs über Themen, die verstimmen könnten (weil zu emotional), oder Diskussionen, die zu intim wären (was unvermutete Nähe mit sich brächte). Ihre hohlen Gespräche, ihre konventionellen Aktivitäten, ihre scheinbar übereinstimmenden Meinungen sind aber in einem Punkt weise: Das Ziel des Zusammenhalts bleibt immer im Fokus, egal, was passiert. Die Norm-Denker erwarten, dass man keine hohe Wellen schlägt und nicht grundlos provoziert.

Suchen mental Hocheffiziente nach Wahrheit, Ehrlichkeit und Authentizität, ist das in ihren Augen zwecklos: Menschen sind nun einmal von Natur aus fehlbar, wankelmütig und widersprüchlich. Fehler bei anderen zu erkennen ist einfach. Aber man zeigt nicht mit dem Finger auf sie: Das wäre demütigend, und man riskiert den Zorn der Mehrheit. Ebenso bringt es nichts, systematisch alle Probleme anzusprechen. Das führt nirgendwo hin und ermüdet alle. Das Leben ist voller Probleme. Hat man eins gelöst, zeigt sich dahinter das nächste. Das geht immer so weiter, also ist es am besten, die Ruhe zu bewahren. Man sollte lernen, mit den Problemen zu leben, statt den Finger in die Wunde zu legen. Sie werden sehen, diese Herangehensweise ist durchaus von großer Weisheit.

Kein Wunder, dass das Bedürfnis der mental Hocheffizienten, ganz offen zu kommunizieren und alle Karten auf den Tisch zu legen, Norm-Denker verstimmt. Sie brauchen dieses Maß an Intimität nicht. Kurz gesagt: Norm-Denker sehen keinen Sinn darin, sich zu ändern. Sie sind zufrieden mit dieser Welt, und sie mögen es nicht, wenn man Wind macht.

Um mental hocheffizienten Kindern diese Zusammenhänge zu vermitteln, müssen sich die Erwachsenen zunächst darüber im Klaren sein. Das ist nicht einfach, weil diese Mechanismen unterschwellig ablaufen und nur schwer zu erfassen sind. Noch dazu müssen Sie sie erklären können.

Soziale Codes

Mental hocheffiziente Erwachsene haben die gleichen Probleme wie die Kinder: Hochsensibilität, Hyperemotionalität, Hyperaffektivität ... Wie soll man Ruhe ausstrahlen, wenn man selbst geladen ist, aber, noch entscheidender, wie soll man die impliziten sozialen Codes erklären, wenn man sie selbst nicht versteht, obwohl man längst erwachsen ist? Die Suche nach dem Sinn erschwert den Zugang zu den sozialen Regeln. Zahlreiche mental Hocheffiziente regen sich auf, dass man »Guten Tag« sagt, ohne es auch so zu meinen, dass man fragt »Wie geht es Ihnen?«, ohne die Antwort hören zu wollen, und dass man so tut, als würde man sich gut verstehen, anstatt sich offen ins Gesicht zu sagen, dass man sich nicht mag. Manchmal vermute ich, dass die Kinder die Regeln nicht akzeptieren, weil sich ihre Eltern immer noch gegen sie auflehnen! Aber kommen wir zum Wesentlichen zurück: Sobald man im Team spielt, braucht man gemeinsame Regeln. Diese Regeln werden immer willkürlich sein. Warum soll man beim Fußball den Ball nicht mit den Händen berühren? Warum darf man beim Tennis den Ball nur einmal mit dem Schläger schlagen? Warum muss man beim Schafkopf eine Trumpffarbe bestimmen? Weil all das ermöglicht, dass man zusammen spielt. Punkt.

Genauso verhält es sich mit dem Leben in der Gruppe. Die impliziten sozialen Normen mögen unvollkommen und kritikwürdig sein, aber sie ermöglichen erst ein Miteinander. Heutzutage traut man sich nicht mehr, von »Höflichkeit« zu sprechen, aus Angst, als reaktionär zu gelten. Dennoch führt gerade dieser Mangel an Höflichkeit zu einem allgemeinen Gefühl, wir alle wären unhöflich. Da mental Hocheffiziente immer nach dem Sinn fragen, erkläre ich im Folgenden, was der Sinn hinter den vier wichtigsten Höflichkeitsformeln ist, die Sie Ihrem Kind erklären sollten.

Guten Morgen/Auf Wiedersehen. »Guten Morgen« und »Auf Wiedersehen« zu sagen, bedeutet, dass man einen Unterschied zwischen der An- und Abwesenheit des anderen feststellt. Man misst ihm also eine Bedeutung als menschliches Wesen bei. Die Höflichkeitsformel wegzulassen bedeutet, die Menschen zu verdinglichen. Das hieße, dass man sie nur noch anspricht, wenn man muss. Jemandem »Guten Tag« zu sagen, heißt also nicht, dass man ihm stark und aufrichtig wünscht, er möge einen großartigen Tag haben, es bedeutet, dass man ihm einfach sagt: »Ich erkenne deine Menschlichkeit an. Ich behandle dich nicht wie ein Möbelstück.«

Bitte/Danke. Mithilfe dieser Höflichkeitsformel unterscheiden wir zwischen bekommen und nehmen, zwischen bitten und fordern. Zu wissen, wie man um etwas bittet und wie man sich bedankt, heißt, zu verstehen, dass es nicht ausreicht, mit den Fingern zu schnipsen, um etwas zu bekommen. Viele Menschen haben nicht gelernt, wie man höflich um etwas bittet, und sind so weiterhin in der Illusion infantiler Allmacht stecken geblieben. Da sie dem freiwilligen Geben keinen Wert beimessen, sind sie ständig frustriert und unzufrieden.

Störe ich?/Darf ich reinkommen? Es gibt drei Arten von Räumen: meinen privaten Raum, den privaten Raum des anderen und einen gemeinsamen Raum. Das betrifft sowohl den Körper als auch den Geist, wie in der Abbildung unten dargestellt. Wir haben alle das Bedürfnis nach Austausch sowie nach Momenten des Alleinseins. Manchmal sehnt man sich nach Freunden, aber man kann sich von ihnen auch schnell überfordert fühlen. Diese Höflichkeitsregel führt dazu, dass diese verschiedenen Räume akzeptiert und Momente des Austauschs erlebt werden können, ohne dass eine Überforderung eintritt.

Kommunizieren heißt, ein Stück der eigenen Welt zu teilen.

Entschuldigung. Das Wort »Entschuldigung« ist im Alltagsvokabular unersetzlich. Es bedeutet,

- dass ich die Realität des angerichteten Schadens anerkenne (Anerkennung der Tatsache und ihrer Auswirkung),

- dass ich die Verantwortung dafür übernehme (auch wenn ich es nicht absichtlich getan habe).

Damit wird eine wesentliche Unterscheidung zwischen Absicht und Ergebnis möglich. »Entschuldigung« ist eines der nützlichsten Wörter, um die eigene Selbstachtung zu wahren.

Diese vier Höflichkeitsformeln sind nicht einfach nur leere Worthülsen. Sie haben eine tiefere und sehr wichtige Bedeutung in (zwischen-)menschlichen Beziehungen. In Fragen der Höflichkeit ist Gegenseitigkeit geboten, gleichzeitig laden sie zur Nachahmung ein. Es liegt also an den Erwachsenen, mit gutem Beispiel voranzugehen. Ich hoffe, ich konnte Sie von den Vorzügen dieser impliziten Regeln überzeugen.

Mit anderen Menschen zurechtkommen

Damit ein Kind gut mit anderen Kindern zurechtkommt, muss es Folgendes entwickeln:

- eine sichere Bindung zur erwachsenen Bezugsperson,
- kooperatives Verhalten,
- soziale Fähigkeiten,
- Fähigkeiten zur Lösung sozialer Probleme.

Die Qualität der Bindung zu der erwachsenen Bezugsperson hängt ein wenig vom Kind ab, größtenteils aber vom Erwachsenen. Wir haben bereits darüber gesprochen, wie schwierig es sein kann, eine sichere Bindung zu Erwachsenen aufzubauen, wenn man sich anders fühlt und ständig kritisiert wird. Der

Erwachsene muss zeigen, was er dem Kind beibringen will. In ihrem Buch *Les lois naturelles de l'enfant*[8] betont die Lehrerin Céline Alvarez, wie sie und ihre Hilfskraft sich bemüht haben, Ruhe auszustrahlen sowie Geduld aufzubringen und gepflegt zu sprechen – genau das, was sie den Kindern beibringen wollten. Sie zeigten ihnen, wie man intelligent mit Konflikten umgeht. In diesem friedlichen Rahmen wurden die Kinder auf ganz natürliche Weise sozialkompatibel und kooperativ.

Sich kooperativ zu verhalten ist für mental hocheffiziente Kinder nicht selbstverständlich, denn es bedeutet, »Zugeständnisse« zu machen – was für ein schreckliches Wort! In einem Interview erzählt der Komiker Franck Dubosc, dass er als Kind große Mühe hatte, mit anderen zu spielen, weil sie seine Regeln nicht akzeptierten. Wenn sie zum Beispiel Ritter spielten, wollte Franck Dubosc unbedingt sein virtuelles Pferd besteigen. Wenn seine Freunde einfach so losgaloppierten, ohne vorher anzukündigen, dass sie ein Pferd bestiegen, machte ihn das wahnsinnig!

Durch Brettspiele und Mannschaftssportarten lernt man die gesunden Komponenten der sozialen Interaktion: Fair Play, Geduld, darauf zu warten, dass man an die Reihe kommt, nachzugeben, den anderen zu ermutigen und zu beglückwünschen. Man lernt, zu verlieren und zu gewinnen – zusammen oder allein. Und man lernt, sich seinen Teamkollegen gegenüber kooperativ zu verhalten. Am wichtigsten ist, dass wir lernen: Gemeinsam hat man mehr Spaß als allein. Wie schade, dass sich Familien nicht mehr genug Zeit nehmen, um gemeinsam zu spielen! Bildschirme (TV, Smartphone, Tablet) isolieren und potenzieren

---

8 Céline Alvarez, *Les lois naturelles de l'enfant*, op. cit. Leider ist dieses Buch nicht auf Deutsch erschienen, es existieren englische und niederländische Ausgaben, falls Sie da nachlesen möchten. (Anm. d. Red.)

soziale Schwierigkeiten. Darüber hinaus ist ihre hypnotische Wirkung bei mental Hocheffizienten zehnmal höher.

Der Begriff »Zusammenarbeit« bekommt eine andere Bedeutung, wenn es sich um Interaktionen zwischen einem Erwachsenen und einem Kind handelt. Die »Kooperation«, die vom Kind erwartet wird, lautet: Gehorsam und Folgsamkeit. Wie auch immer die Formulierung lautet, ob sie direkt, indirekt, sarkastisch oder poetisch ist, ihr liegt ein Befehl zugrunde: »Du gehorchst. Du tust, was ich dir sage, ohne Diskussion und ohne zu verstehen, warum ich es von dir erwarte.« Da diese stille Anweisung für Norm-Denker selbstverständlich ist, kommt es als unverschämt rüber, wenn das mental hocheffiziente Kind sich nicht daran hält. Ebenso gilt es als Ungehorsam, wenn nach dem Sinn der Vorgaben gefragt wird. Sie erinnern sich an Pavel, den der Schuldirektor gescholten hat, weil er den Flur entlanggerutscht ist? Ein Norm-Denker-Kind hätte verstanden, dass es sich zurücknehmen und gehorchen muss. Wie kann man also Pavel helfen, zu entschlüsseln, was von ihm erwartet wird? Man muss ihm explizit sagen: »Die Lehrerin, der Schulleiter und das Mensapersonal erwarten, dass du gehorchst, ohne herumzudiskutieren. Auch wenn du nicht verstehst, warum, auch wenn du nicht einverstanden bist, musst du dich wie beim Fußball verhalten: Man diskutiert nicht über die Entscheidungen des Schiedsrichters. Wie auch immer man dir die Sachen darlegt, dahinter steht immer ein Befehl, den du erraten musst und an den du dich halten musst.«

Da sie einen impliziten Befehl nicht verstanden hatte, bekam die siebenjährige Emma Schwierigkeiten mit ihrer Lehrerin. Sie kam weinend nach Hause. Die Lehrerin hatte ihr gesagt, sie sei unverschämt, eingebildet und egoistisch. Emmas Mutter machte einen Termin mit dieser Lehrerin aus. Das Missverständnis war durch einen »optionalen« Ausflug entstanden, den Emma abgelehnt hatte, weil er sie nicht interessierte. Aber im Kopf der Lehrerin war der »optionale Ausflug« keineswegs optional, sondern Pflicht. Und Emma war in die Falle der unkorrekten Formulierung gestolpert.

Sie können ein Ratespiel erfinden, um Ihrem Kind zu helfen, das Konzept der »versteckten Transaktion« zu verstehen. Viele Erwachsene können nicht klar und einfach ausdrücken, was sie wollen. Anstatt zu sagen »Ich verbiete dir, den Flur entlangzurutschen« hat der Schulleiter gesagt: »Sag mal, Pavel, rutsche ich etwa den Flur entlang?« Das ist ziemlich umständlich, nicht? Angenommen, ich will, dass mein Kind badet. Auf welche umständliche Art kann ich es ihm sagen? »Es ist spät ... Findest du nicht, dass es nach Käsefüßen riecht?«; »Badest du gerne?«; »Wie gut, dass man die Seife erfunden hat!«; »Oh, wenn ich nur könnte, ich würde sofort ein Bad nehmen.« Das Ziel ist es, darüber zu lachen, und das Kind anzuspornen, das Gesagte zu dekodieren, nach dem Impliziten zu suchen. Ihr Kind wird schnell verstehen und Sie mit Ihren eigenen feigen Aussagen konfrontieren! Es wird Ihnen helfen, Fortschritte zu machen.

Sozialkompetenzen

Da das, was wir »soziale Kompetenzen« nennen, bei den mental Hocheffizienten nicht per se vorhanden ist, erkläre ich hier, was mit »sozial kompetent« gemeint ist. Es ist nicht so kompliziert, wie Sie denken. Man findet jemanden sozial kompetent, der

- winken, lächeln, einen angemessenen Augenkontakt zum Gesprächspartner herstellen (nicht zu viel, nicht zu wenig) kann.

- beobachten, Komplimente machen, Fragen stellen kann.
- schweigen und zuhören und vor allem zeigen kann, dass er zuhört.
- warten kann, bis er an der Reihe ist, teilen kann, beim Verlieren oder Gewinnen Bescheidenheit walten lässt.
- Ablehnungen gelassen hinnimmt: Man kann nicht allen gefallen.

Einige zusätzliche Regeln gehören in den Bereich des »Zusammenlebens«: Wir sind nicht allein auf der Welt. Man muss den Raum und die Ruhe der anderen respektieren. Man darf keinen Lärm in einer Bibliothek machen; im Zug schreit man nicht in sein Handy; wenn man in einem geschlossenen Raum ist, sollte man nicht schlecht riechen.

Achten Sie auch auf Ihr äußeres Erscheinungsbild, das gehört zu den Codes, die man nicht ignorieren darf. Die mental Hocheffizienten zucken mit den Schultern und sagen, dass ihnen ihr Aussehen egal ist. Sie neigen dazu, jene zu verachten, denen so etwas wichtig ist. Das ist aber falsch, denn »Kleider machen Leute«. Unser Outfit sagt viel über uns aus. Es gibt Codes. Wir gehen nicht im Brautkleid in den Supermarkt. Es wird implizit erwartet, dass sich jeder bemüht und das Beste aus sich macht: Frisur, Sauberkeit, Kleidung. Es liegt an den Eltern, ihren Kindern diese Fähigkeiten zu vermitteln. Bei mental hocheffizienten Kindern ist es wichtig, sehr klar zu formulieren und es gegebenenfalls auch zu erzwingen.

Manipulative Erwachsene

Übermäßig leistungsfähige Kinder brauchen Konsequenz und Präzision. Das Ungefähre und die Unlogik der Erwachsenen verwirrt sie. Sie werden dann so lange fragen, bis sie eine Antwort erhalten, die das Ganze für sie konsequent macht. Das destabilisiert uns arme, unvollkommene Menschen. Man muss schon sehr stabil und gut strukturiert sein, um dieses ständige Hinterfragen zu akzeptieren. Je schlechter sich ein Erwachsener selbst fühlt, desto stärker wird er durch die Suche des Kindes nach Authentizität destabilisiert werden. Deshalb können viele Erwachsene besonders klarsichtige Kinder nicht leiden.

Manipulatoren sind die unauthentischsten und inkonsequentesten Menschen, die es gibt. Je nach Stimmung lügen sie, geben an, bedrohen, terrorisieren, verführen. Dahinter steckt nichts anderes, als dass sie Macht ausüben wollen. Klarsichtige Kinder, die auf Logik achten und einfordern, stören sie. Manipulatoren tragen eine sympathische Maske, die ihr wahres Gesicht – hasserfüllt und launisch – verbirgt. Aber hocheffiziente Kinder lassen sich nicht vom Schein täuschen. Sie blicken hinter die Maske und manipulative Erwachsene wissen das. Deshalb versuchen sie, die Kinder zu brechen.

Emmas Lehrerin meinte, der Ausflug sei »fakultativ-obligatorisch« gewesen, auch wenn sie nur »fakultativ« ausgesprochen hatte. So konnte sie Emma dafür bestrafen, dass sie »fakultativ« beim Wort genommen und nicht nach impliziten Bedeutungen gesucht hat. Es ist jedoch offensichtlich, dass diese Lehrerin mit den langen Haaren, den hohen Absätzen, dem Minirock und dem starken Make-up unbedingt für schön befunden werden will. Alle kleinen Mädchen aus der Klasse bewundern diese Barbie-Lehrerin. Mit Ausnahme von Emma, die sich nicht täuschen lässt. Sie sagt ihrer Mutter: »Ich merke, wie wütend es sie macht, dass ich sie nicht schön finde!« Wenn eine erwachsene Person verführen will, kann das Kind ihr entweder schmeicheln oder ehrlich sein. Aber die kleinen mental Hocheffizienten wissen nicht, wie sie sich beim Schmeicheln verstellen sollen, und bezahlen deshalb für ihre Ehrlichkeit einen hohen Preis. In den Augen der Manipulatoren ist jeder, der sich nicht unterwirft, ein Rebell. Wenn Ihr Kind von einem manipulativen Lehrer geplagt wird, gibt es keine gute Lösung, es gibt nur die am wenigsten schlechte: Erklären Sie Ihrem Kind, wie diese unreifen Erwachsenen funktionieren. Ein Schulwechsel würde bedeuten, das Kind aus seiner gewohnten Umgebung zu reißen, es würde seine Freunde verlieren (wenn es welche hat), aber es kann im Falle eines Falles lebenswichtig werden. Auf jeden Fall müssen Sie als Elternteil besonders aufmerksam sein, Ihr Kind beschützen und es positiv bestärken: Das Problem kommt von der Person, die es manipulieren will, nicht vom Kind!

Meistens verstehen hocheffiziente Kinder mit ihrer natürlichen freundlichen Art die unnötige Boshaftigkeit der Manipulatoren nicht. Sie sind ihr hilflos ausgeliefert und verstehen nicht, woher diese Spitzfindigkeit und Feindseligkeit kommen. Während sie versuchen, die Ursache der Aggressionen herauszufinden, stellen sich die Kinder infrage und finden Entschuldigungen für ihren Peiniger. Es liegt an den Erwachsenen, Kinder davor zu warnen, dass es schlechte Menschen gibt und sie keinerlei abweichendes Verhalten tolerieren dürfen. Die Erwachsenen müssen also selbst in der Lage sein, Grenzüberschreitungen zu erkennen. Das ist eigentlich ganz einfach: Man darf den anderen niemals erlauben, was man sich selbst nicht erlauben würde.[9] Am Ende des Buches komme ich auf das Mobbing unter Schülern zu sprechen.

---

[9] Näheres hierzu siehe: Christel Petitcollin, *Pourquoi trop penser rend manipulable,* Guy Trédaniel Éditeur 2017.

Durchsetzungsvermögen

Neben kooperativem Verhalten und den sozialen Kompetenzen müssen mental hocheffiziente Kinder lernen, sich durchzusetzen. Ihre Überanpassung an andere tut ihnen nicht gut. Wir haben es im Kapitel über das falsche Selbst bereits gesehen. In diesem Kapitel möchte ich Ihnen auflisten, was Sie Ihren Kindern zum Thema Durchsetzungsvermögen sagen können, vorausgesetzt, Sie leben es ihnen auch vor. Es wird Ihnen gut tun, wenn sie sich dabei mal wieder selbst überprüfen!

Nein sagen zu können, ist ein guter Weg, Grenzen zu setzen, um nicht überrannt zu werden. Ein »Nein« ist wie ein Gartenzaun, der verhindert, dass der Gemüsegarten zertrampelt wird. »Man muss den anderen sagen, wann sie aufhören sollen, denn sie können es nicht erraten.« Um seine Grenzen setzen zu können, muss man sie aber zunächst einmal selbst kennen. Das bedeutet, dass man sich selbst wahrnimmt, sich respektiert, die eigene »Ja«- und »Nein«-Zone klar definiert hat und vor allem nicht im Zweifel stecken bleibt.[10]

In einer Beziehung darf man dem oder der anderen nicht alles erlauben, schon gar nicht, wenn er oder sie nichts zurückgibt. Das ist nicht fair. Man muss darauf achten, dass alles Geben und Nehmen auf Gegenseitigkeit besteht. Wenn man geliebt wird, weil man gibt, wird man nur fürs Geben geliebt und nicht für seine ganze Person. Wenn man nie »Nein« sagt, hat ein »Ja« keinen Wert. Man muss sich selbst und anderen Grenzen setzen und klar verständlich machen, ab wann ein Verhalten unangemessen wird, sowohl beim »zu viel« als auch beim »zu wenig«

---

[10] Näheres hierzu siehe: Christel Petitcollin, *S'affirmer et oser dire non,* Éditions Jouvence 2017.

– zu freundlich oder zu wenig freundlich, zu viel oder zu wenig präsent in der Beziehung usw.

Setzen Sie dem hochsensiblen Kind auch Grenzen bei seinem Streben nach Harmonie und der Angst vor Ablehnung: Man kann es nicht allen recht machen. Man kann sich nicht mit allen verstehen. Man hat das Recht, zu wählen, mit wem man seine Zeit verbringt. Und selbst bei den Menschen, die man liebt, ist es so, dass man sich irgendwann streitet. Das geht gar nicht anders. Erklären Sie Ihrem Kind, dass der beste Weg, von Menschen enttäuscht zu werden, der ist, zu hohe Erwartungen zu haben: »Wenn man von der Liebe oder der Freundschaft zu viel erwartet, wird man sicher enttäuscht und verletzt werden. Wenn man weniger hohe Erwartungen hat, ist man empfänglicher für das, was einem gegeben wird.«

Umgang mit Konflikten

Nein zu sagen, ist der erste notwendige Schritt, um sicherzugehen, dass die eigenen Rechte respektiert werden. Aber manchmal reicht das nicht. Nicht alle Menschen respektieren die Rechte und den persönlichen Raum des anderen: Manche reagieren beim ersten »Nein«, andere werden weiterbohren und wieder andere trampeln darüber hinweg. In diesem Fall muss man sich trauen, in den Konflikt zu gehen. Um konstruktiv in einen Konflikt zu gehen, braucht es ein Know-how, über das auch viele Erwachsene nicht verfügen.

Zu viele Erwachsene glauben, dass man sich heraushalten sollte, wenn Kinder streiten, sie würden das schon unter sich klären. Das ist tragisch, denn alles, was die Kinder dann lernen, ist, dass der Aggressivere gewinnt. 80 Prozent der Aggressionen bei Kleinkindern (bis zu fünf Jahren) werden belohnt, weil das Opfer nachgibt und sich unterwirft und die Erwachsenen es geschehen lassen. Es wurde außerdem festgestellt, dass Eltern und Lehrer dazu neigen, aggressives Verhalten bei Jungen eher zu tolerieren. Bei Mädchen neigen wir alle dazu, ihre Unterwerfung und Akzeptanz zu fördern. Eine Studie hat gezeigt, dass Mütter ihre Tochter während eines Spiels dreimal häufiger darum bitten nachzugeben als einen Jungen. Deshalb ist es wichtig, dass Kinder lernen, sich durchzusetzen. Besonders wichtig wird das, damit unsere Kinder dem Druck der anderen widerstehen lernen.

Es liegt an den Erwachsenen, den Kindern zu zeigen, wie sie Konflikte friedlich lösen. Céline Alvarez hat es in ihrer Klasse erfolgreich geschafft, das ist nicht so schwierig. Erwachsene haben auch selbst ein Interesse daran, die Techniken des Konfliktmanagements zu beherrschen.

Um seinem Kind bei Problemen zu helfen, ist vor allem eines wichtig: viel Zuhören und ihm zugeneigt sein. Konflikte werden nicht mit heißem Kopf gelöst. Zunächst muss man sich beruhigen, um das Problem aus verschiedenen Blickwinkeln zu betrachten, und dann überlegen, wie man angemessen reagiert. Man muss sich an die Stelle des anderen versetzen können. Kinder sind ab fünf Jahren dazu in der Lage. Und schließlich muss das Kind dazu gebracht werden, Lösungen vorzuschlagen.

Im Allgemeinen lernt man, aus Machtbeziehungen auszubrechen und einschüchternde Situationen zu meistern, indem man auf gesunde und authentische Weise und in einem sicheren Raum kommuniziert. Gesprächskreise sollten – ob zu Hause oder in der Schule – zu einem regelmäßigen Ritual werden, um einen positiven Synergieeffekt für die Klasse oder die Familie zu erlangen.

Nachdem sie erfahren hatten, wie sie funktionieren, haben sich die Schweizer Kinder sehr gut in die jeweilige Gruppe eingefunden. Unterschiede verstehen und sich erlauben, man selbst zu sein, ist besonders relevant für funktionierende Beziehungen. Wenn es dann »Kommunikationspannen« gibt, kann man sie entdramatisieren, weil man sie erklären kann. Auch für mental Hocheffiziente ist es möglich, die Codes der Norm-Denker zu erlernen – wie ein Anthropologe, der sich die Mühe macht, die Codes eines indigenen Stammes zu übernehmen, um keinen Fehler zu begehen. Man muss die Codes kennen. Dann kann man wählen, ob man sie anwendet oder nicht, aber man tut es ganz bewusst.

Heute wartet die Welt der Norm-Denker gewissermaßen darauf, dass sich die mental Hocheffizienten anpassen, dass sie die Codes erlernen und ihren Standpunkt übernehmen. Aber auch die mental Hocheffizienten haben eine Kultur und jede Kultur kann viel von der anderen lernen. Es wäre schön, wenn sich beide Gruppen gegenseitig anerkennen könnten.

Eine Seelenfamilie

Mit Sicherheit ist es jedoch einfacher, sich unter mental Hocheffizienten gut zu verständigen. So, wie es Manon erlebt hat – was für ein Glück, zu entdecken, dass man nicht allein ist, dass andere ähnlich funktionieren. Dann werden menschliche Beziehungen einfach und transparent. Es gibt immer mehr Klassen oder Schulen für Hochbegabte. Inmitten von ihresgleichen fühlen sich die Kinder dort wohl. Vereine für frühreife Kinder organisieren Treffen und Picknicks für Kinder und Eltern. Bei solchen gemeinsamen Unternehmungen kann man Energie tanken, sich austauschen, Neues erfahren. Nur muss Ihr Kind, um Zugang zu erhalten, als »hochbegabt« diagnostiziert worden sein. Wenn es in keine Schublade gesteckt worden ist, bleibt es im Niemandsland. Es liegt also an den Eltern herauszufinden, wie sie es schaffen können, dass ihr Kind andere Kinder trifft, die ein ebenso übersprudelndes Gehirn haben. Warum also nicht zum Beispiel einen eigenen Blog ins Leben rufen?

Kapitel 11
Tipps und Tricks für die Schule

In diesem Kapitel möchte ich Ihnen ein paar Tipps und Tricks an die Hand geben, mit denen ein mental hocheffizientes Kind seine Schulzeit gut meistert, auch wenn es das System dahinter vielleicht nicht durchschaut. Es ist mir wichtig, dass Eltern und Lehrer einen Blick dafür entwickeln, welche Missverständnisse entstehen können. Bei vielen Kommunikationsschwierigkeiten ist es sehr hilfreich, sich in die Lage des jeweils anderen zu versetzen. Die mental hocheffizienten Kinder haben gar nicht viele Bedürfnisse, sie sind gar nicht schwer zu verstehen oder ins Schulleben zu integrieren. Ein paar einfache Vorkehrungen, ein paar Erinnerungen an die Vorschriften reichen schon aus, damit sie sich psychisch und in der Schule wohler fühlen.

Vom großen Ganzen ins Detail

Wenn Sie Kindern sagen »Komm mal mit!«, folgen Ihnen die meisten ohne Widerrede. Mental hocheffiziente Kinder fragen aber: »Wohin gehen wir?« Ähnlich ist es auch beim Lernen: Das Kind muss wissen, wohin es geht. Daher wäre es sinnvoll, wenn sich die Lehrkräfte zu Beginn des Schuljahres die Zeit nehmen, um detailliert zu schildern, was sie durchnehmen werden, damit diese Kinder, das, was sie gerade lernen, besser in ein großes Ganzes einordnen können. Für die Lehrkräfte stellt das kaum zusätzlichen Aufwand dar und für die Kinder ist es ausgesprochen hilfreich. Wird es in der Schule dennoch nicht gemacht, können die Eltern gemeinsam mit dem Kind das Lehrbuch durchblättern und ihm diesen Überblick vermitteln. Vom großen Ganzen ins Detail gehen, zu Beginn des Schuljahres einmal anschauen, was alles kommen wird, immer wieder daran erinnern, in welchen breiteren Themenkomplex sich die Lektion des Tages eingliedert, eine Brücke schlagen, wie das Gelernte im Alltag eingesetzt werden kann. Das ist nun wirklich nicht zu viel verlangt, um einem Kind den Einstieg in ein erfolgreiches Lernen zu ermöglichen.

Bedürfnis nach Sinnhaftigkeit

Die Lehrpläne sind für mental hocheffiziente Kinder zu theoretisch und in sich hermetisch geschlossen. Für sie ist es wichtig, dass das, was sie lernen sollen, einen Sinn ergibt. Lernen, ohne zu verstehen und ohne zu wissen, warum, ist für ihr Gehirn quasi unmöglich. Sie müssen das Gelernte mit anderen Erkenntnissen verknüpfen können. Es wäre nicht so kompliziert, die Theorie mit dem Konkreten zu verbinden. Daniel Tammet hat in seinem Buch *Wolkenspringer*[1] ein ganzes Kapitel über »das mathematische Denken« verfasst. Er singt darin eine Hymne auf seine ansteckende Liebe zur Mathematik und zeigt, was für ein Segen die Mathematik in unserem Alltag ist.

---

[1] Daniel Tammet, *Wolkenspringer. Von einem genialen Autisten lernen*, Patmos 2009.

Verbinden Sie so oft wie möglich das Lernen mit der Realität. Erklären Sie Ihrem Kind, dass lesen auch deshalb wichtig ist, damit man Bedienungsanleitungen oder Rezepte lesen kann. Zeigen Sie ihm die Quadratmeterpreise für Parkettboden in einer Heimwerkerwerbung. Erklären Sie ihm, dass man, um herauszufinden, wie viel es kosten wird, den Fußboden neu zu legen, messen und rechnen können muss. Schlagen Sie ihm Museumsbesuche und Ausflüge zu Schlössern vor oder zeigen Sie ihm Bücher oder wissenschaftliche und historische Filme: Alles, was dazu beiträgt, das Schulprogramm zu erweitern und das Erlernte zu verknüpfen, ist hilfreich. So kann sich das Gelernte gut im Denkgebäude des Kindes festsetzen.

Damit Ihr Schulkind ein Gefühl dafür bekommt, was im Klassenzimmer passiert, klären Sie es über die pädagogischen Ziele der Lehrerin auf. Warum geht sie diese Lektion so an? Weil sie denkt, dass dies der beste Ansatz ist, damit alle Schüler sie verstehen. Was ist der Zweck von Übungen? Hauptsächlich, um das Gelernte einzuüben, aber auch, um zu zeigen, dass jeder es verstanden hat. Wenn die Lehrerin etwa bittet, dass die Schüler Wörter abschreiben und den ersten Buchstaben einkreisen, wenn es ein Konsonant ist, dann hat sie sicherlich mehrere Ziele gleichzeitig im Kopf. Abzuschreiben trainiert das Schreiben. Üben ist immer gut, dadurch wird man technisch stetig besser, man trainiert aber auch die Rechtschreibung. Wenn Konsonanten als erster Buchstabe eines Wortes unterstrichen werden sollen, will die Lehrerin vermutlich überprüfen, ob die Schüler verstanden haben, wo ein Wort beginnt und was ein Konsonant ist. Auch wenn dir diese Aufgabe sehr leichtfällt, kann es sein, dass es Kinder gibt, für die es komplizierter ist.

Pavel versteht nicht den Zweck der Übung »Stellt die Wörter in die richtige Reihenfolge, sodass sie einen Satz ergeben«. Er amüsiert sich damit, Nonsens-Sätze zu bilden. Das ist so lustig! Aber seiner Lehrerin gefällt das gar nicht. Wie soll man Pavel verständlich machen, dass er in der Schule nur Sätze bilden soll, die eine Bedeutung haben?

Es ist nicht immer leicht, sinnvoll zu finden, was man gerade lernen muss. Da hilft der Ausblick auf etwas Größeres, etwa »Ich lerne Englisch, weil ich eine internationale Karriere machen will« oder »Ich brauche sehr gute Noten in Mathe, weil ich unbedingt auf diese gute Uni gehen möchte«.

Manchmal müssen Kinder auch direkt mit der Realität konfrontiert werden. »Im Leben sind wir gezwungen, Dinge zu tun, die uns langweilen – wie etwa die Steuererklärung. Dafür gibt es keinen anderen Anreiz als die Tatsache, dass es gemacht werden muss, um keinen Ärger zu bekommen. Man kann dir nicht ständig alles erklären. So ist es nun einmal. Das eine oder andere mag dir absurd erscheinen, aber deine Meinung ist nicht gefragt. Also musst du gehorchen, sonst bekommst du Ärger.«

Mental hocheffiziente Kinder sind sehr clever und verschmitzt. Ich ziehe sie auf, indem ich sie darauf hinweise, dass sie sich bei Videospielen nicht so viele Sinnfragen stellen. Wenn es darum geht, das magische Schwert, das Lebenselixier oder einen höheren Punktestand zu ergattern, um auf das nächste Level zu kommen, machen sie es einfach. Um sich also in der Schule zu motivieren, kann man die einzelnen Fächer auch wie die Hürden in einem Videospiel ansehen. Sie ermöglichen es, auf das nächste Level zu kommen. Wenn meine Gesprächspartner dann amüsiert lächeln, weiß ich, dass wir uns verstanden haben!

Spannende Inhalte

Wie bereits geschildert, haben die mental hocheffizienten Kinder ein großes Bedürfnis, zu lernen, und langweilen sich im Unterricht sehr. Um zu verhindern, dass sie eine Schulphobie entwickeln, müssen die übersprudelnden kleinen Gehirne gut beschäftigt werden. Eine Klasse zu überspringen kann eine Möglichkeit sein. Selbst wenn das Kind dann einen Altersunterschied zu seinen Klassenkameraden hat, ist das besser, als wenn es sich zusammen mit Gleichaltrigen langweilt. Aber es reicht meist nicht, einfach nur eine Klasse zu überspringen. Dabei ist es meist gar nicht so schwierig, mental hocheffiziente Kinder zu beschäftigen. Zum Beispiel ist das Zuhören mit unbeschäftigten, ruhigen Händen Folter. Das gilt auch für Erwachsene. Wenn sie während des Zuhörens kritzeln, können viele Menschen konzentriert bleiben. Ich denke, Lehrer sollten es zulassen, dass die Kinder in einer Ecke des Heftes kritzeln. Das kann zwar schwer durchzusetzen sein, weil man nicht im Vorhinein weiß, wer vom Kritzeln abgelenkt wird und wer sich dadurch besser konzentrieren kann. Auch wenn sie noch nicht alt genug sind, kann es auch kleineren Kindern vielleicht helfen, sich während des Unterrichts »Notizen« machen zu dürfen. Die Lehrerin kann ja überprüfen, was das Kind gekritzelt hat, während sie gesprochen hat. Ein weiterer Trick, um der Langeweile vorzubeugen: Wer seine Arbeitsaufgabe bereits erledigt hat, darf in die Leseecke gehen und sich dort still beschäftigen. Wer sich langweilt, könnte auch ermuntert werden, das Thema, das gerade besprochen wurde, selbstständig zu vertiefen. Dann könnten die Kinder ein paar schwierigere Übungen machen, etwas im Lexikon suchen, eine Präsentation vorbereiten oder eine zusätzliche Aufgabe »zum Vergnügen« machen.

Mental hocheffiziente Kinder können auch dazu angehalten werden, ihren Mitschülern behilflich zu sein, ihnen die Aufgaben zu erklären usw. Da sie nett und geduldig sind und ein originelles Gehirn haben, können sie die Sachlage vielleicht anders erklären als die Lehrerin, und die Mitschüler können es eher verstehen. Nichtsdestotrotz sollte dabei darauf geachtet werden, dass

- der Schüler, der Verständnisschwierigkeiten hat, nicht derjenige ist, der auf dem Pausenhof den Folterer spielt,
- das Kind, das erklärt, ein Kind bleibt und nicht die Rolle eines Minierwachsenen oder des Assistenten der Lehrerin einnimmt,
- das Kind wirklich helfen will und es ihm Freude macht,
- das Kind, dem geholfen wird, das auch möchte.

Was das Risiko betrifft, dass das mental hocheffiziente Kind an den Rand gedrängt wird, weil es diese Aufgabe übernimmt, ist nichts zu befürchten, denn das Kind war schon vorher marginalisiert. Wenn es nun den anderen hilft, kann es zumindest sein, dass einige Kinder es in Zukunft freundlicher behandeln.

Bedürfnis nach emotionaler Bindung

Ein mental hocheffizientes Kind gibt sich in der Schule nur dann Mühe, wenn es die Lehrkraft mag. Wenn es sie für dumm oder unaufrichtig hält, ist nichts zu machen. Dieses Kind wünscht sich eine Lehrkraft, die intelligent, konsequent und authentisch ist. Ein Junge hat mir einmal erklärt, dass er sehr gut unterscheiden kann zwischen einem scheinbar netten Lehrer, dem seine Schüler aber egal sind, und einem sehr strengen Lehrer, der aber das Beste für seine Schüler will.

Titouan ist in der sechsten Klasse. Er kommt in meine Sprechstunde, da er als »hochbegabt« diagnostiziert wurde, aber sehr schlechte Noten in Mathe hat. Titouan ist brillant, das ist offensichtlich. Er hat glänzende Augen, blitzschnelle Antworten, eine einwandfreie Argumentation.

Ich frage ihn: »Sag mal, Titouan, du bist wirklich sehr schlau, daran besteht kein Zweifel! Wie kann es also sein, dass du so schlechte Noten in Mathe hast?« Titouan verzieht das Gesicht und antwortet: »Der Lehrer ist mies!« Also bohre ich nach: »Vielleicht ist der Lehrer nicht so gut, aber mit dem Verstand, den du hast, brauchst du ihn gar nicht, um gute Noten zu bekommen. Mathe ist doch viel zu einfach für dich. Also, ich frage dich noch einmal: Wie kommt es, dass du so schlechte Noten in Mathe hast?« Titouan schaut mich empört an und erwidert: »Wenn ich gute Noten hätte, würde der Lehrer doch denken, er sei gut!« Plötzlich verstehe ich »sein Konzept«: »Du hältst dich davon ab, gute Noten zu bekommen, damit der Lehrer versteht, dass er nicht gut ist?« Titouan zuckt mit den Achseln: »Ja, klar!«

Der arme Titouan, der sich bemüht, den Unterricht des Lehrers zu spiegeln und dafür seine eigene Schulkarriere in den Sand setzt!

Nein, ein Kind arbeitet nicht »für sich«. Es arbeitet, um seine Lehrer und Eltern zufriedenzustellen. Nein, ein Kind, das beim Lernen eine emotionale Bindung braucht, ist nicht unreif. Es ist nur ein Mensch. Auch wenn es einigen Schülern gelingt, über den Mangel an menschlicher Wärme im Unterricht hinwegzusehen, bin ich mir sicher, dass sie darunter leiden. Die emotionale Bindung ist für alle wichtig. Den Erwachsenen geht es am Arbeitsplatz genauso. Wir alle brauchen die Wertschätzung der Vorgesetzten, müssen ab und zu ein »Danke« oder »Gut gemacht« hören, um weitermachen zu können. Warum sollten mental hocheffiziente Kinder da anders sein?

Damit Ihr Kind nicht zu hohe Erwartungen an die Lehrkraft stellt, müssen Sie ihm erklären, dass es nicht der einzige Schüler im Leben dieser Lehrkraft ist. Sie kann nicht sein Mentor sein, weil Ihr Kind nicht sein einziger Schüler ist. Bringen Sie ihm bei, sich in die Lage seines Lehrers oder seiner Lehrerin zu versetzen. Das Lehrpensum muss eingehalten werden, ebenso der Stunden- und Zeitplan; Elterngespräche müssen geführt werden; der Unterricht will vorbereitet und die Klausuren wollen korrigiert werden; Schulsitzungen finden statt. Jedes Jahr bekommt die Lehrkraft eine oder mehrere neue Klassen, mit jeweils dreißig Schülern. »Wie soll sie für dich allein so verfügbar sein, wie du dir das wünschst?«

Zurück zum Offensichtlichen

Ein komplexes Gehirn verkompliziert die einfachen und vereinfacht die komplizierten Dinge. Damit es aufmerksam ist, muss einiges geschehen. Das Niveau der Stimulierung in der Schule ist im Allgemeinen zu niedrig, als dass ein mental hocheffizientes Kind sich voll und ganz konzentriert. Das erklärt sein »Aufmerksamkeitsdefizit«. Die Eltern bestätigen es mir: Wenn das Kind zu Hause etwas spielt, was es interessiert, kann es stundenlang damit beschäftigt und ruhig sein. Aber in der Schule schweift es gedanklich ab, träumt vor sich hin und kommt erst zurück, wenn man ihm eine Frage stellt. Mit einem mäandernden Gehirn ist es schwierig, allzu einfache Antworten zu finden. Das Kind hat einen Aussetzer, weiß nicht, was es antworten soll, und fühlt sich schlecht. Wenn man ihm die »richtige« Antwort sagt, ist es enttäuscht, weil die erwartete Antwort so banal ist. Also fühlt es sich noch schlechter, weil es nicht an etwas so Einfaches gedacht hat.

In meiner Praxis erkläre ich es den Kindern so: »Du hast ein mäanderndes Gehirn. Es ist ein bisschen so, als wäre dein Gehirn im dritten Stock. Im Unterricht befinden sich die Dinge, die man dir beibringt, aber im ersten Stock. Das Problem ist, dass du jedes Mal, wenn du etwas nicht verstehst, die Treppe hochrennst, um in den fünften Stock zu gelangen. Es kommt dir zu schwer vor, du denkst, du bist zu dumm und dass du es niemals schaffen wirst. Dennoch kann dein Gehirn alles verstehen. Wenn du es nicht verstehst, heißt das, dass du zu weit oben suchst. Du musst in den ersten Stock zurückkommen und vielleicht sogar ins Erdgeschoss gehen. Frage dich: ›Was, wenn die Antwort ganz einfach ist? Wenn es auf dem Niveau der ersten Klasse wäre, was würde ich dann antworten?‹ So wirst du die Antwort finden. Übrigens, unter uns gesagt, wenn du jetzt darüber nachdenkst, wie es war, wenn du die Antwort nicht gewusst hast und man sie dir gesagt hat, da hast du doch jedes Mal angewidert gedacht: ›Ach, das war alles?‹«

Die Kinder bestätigen mir das immer wieder. Also erzähle ich ihnen eine persönliche Anekdote. Ich mache gerne Kreuzworträtsel, aber immer ohne Kästchen, weil es mir sonst zu einfach ist. Eines Tages sollte ich »ägyptischer König« eintragen. Es gab 345 ägyptische Könige! Ich bin alle Namen durchgegangen, die ich kannte: Cheops, Thutmes, Ramses ... Keiner der Namen passte! Und, was war die richtige Antwort? Einfach nur »Pharao«. Mental hocheffiziente Kinder kennen oft die Namen der Pharaonen und wären genauso getäuscht worden wie ich! Um einem solchen Kind zu helfen, die richtigen Antworten zu finden, muss man es immer wieder daran erinnern: »Komm zum Wesentlichen zurück! Wenn es nur ganz doof und einfach wäre, was wäre es dann?«

Dieser Tipp gilt auch für Studenten, die Hausarbeiten, Masterarbeiten oder ihre Doktorarbeit schreiben. Man muss sie daran erinnern, dass sie die Arbeit nicht schreiben, um ihre Professorin zu beeindrucken, sondern um eine Arbeit vorzulegen, die so detailliert und vollständig wie möglich ist über ein Thema, in dem sie vertiefte Kenntnisse haben. Das Beste, was sie tun können, ist, sich vorzustellen, dass ein Laie ihre Arbeit liest: Für ihn muss man alles haarklein und von Anfang an erklären. Man muss vergessen, dass die Professorin das alles schon weiß.

Schulanweisungen entziffern

Ich habe folgende Anekdote in einem Lehrerforum gefunden:

Die Anweisung des Lehrers lautet: »Macht mit Bleistift die Aufgaben 2, 3 und 4 im Mathe-Übungsheft.« Die Schülerinnen und Schüler fragen: »Nehmen wir den blauen Kuli?«, »Machen wir die Aufgabe 1?«, »Schreiben wir ins Übungsheft?«

Ich vermute, diese Anekdote sollte zeigen, wie schlecht sich die Schüler konzentrieren. Bis zu einem gewissen Punkt stimmt das natürlich. Dass diese Anekdote ins Forum gestellt wurde, zeigt aber auch einen Mangel an Geduld und Wohlwollen vonseiten der Lehrer. Denn wenn diese Art von Fragen immer wieder auftaucht, zeigt es, dass drei Anweisungen gleichzeitig zu viel sind. Und/oder dass Anweisungen in einer umgedrehten Reihenfolge die Schüler verwirren können. Besser wäre es, zu sagen: »Holt eure Mathe-Übungshefte heraus.« Sobald das geschehen ist: »Nehmt einen Bleistift zur Hand.« Und wenn die Schülerinnen und Schüler den Bleistift in der Hand haben: »Löst die Übungen 2, 3 und 4.« Und – unter uns gefragt – warum wird die erste Übung übersprungen? Ein mental hocheffizienter Schüler wird sich das unweigerlich fragen. Die Fragen der Schüler beweisen auch, dass die Kinder unsicher sind und Bestätigung brauchen, weil sie furchtbare Angst davor haben, etwas falsch zu machen. Außerdem: Wer hat noch nie eine »dumme« Frage gestellt – am Bahnhof, am Flughafen oder am Schalter einer Behörde? Wem wurde nicht schon genervt geantwortet: »Ich habe doch gerade gesagt: unten rechts.«

Pavels Mutter ist verzweifelt. Die Lehrerin hat ihm trocken gesagt: »Das, was wir im Unterricht machen, ist altersgerecht. Die Anweisungen sind klar. Es handelt sich um ein Verhaltensproblem.« Wie soll man dieser Lehrerin erklären, dass die Anweisungen für diesen kleinen Kerl überhaupt nicht klar sind. Mental hocheffiziente Kinder sind nicht in der Lage, unterschwellige Anweisungen in der Schule allein zu entschlüsseln. Man muss alles verbalisieren, was man von ihnen erwartet, und es ihnen im Detail erklären.

Um den mental hocheffizienten Kindern zu helfen, das Prinzip der Schulregeln zu verstehen, erkläre ich ihnen Folgendes: Wenn ich jemandem einen Kugelschreiber hinhalte und ihn frage, was das ist, antworten die meisten Menschen spontan (das heißt, ohne nachzudenken): »Ein Kugelschreiber.« Aber einige Menschen werden sich sagen: »Sie ist nicht so dumm, um nicht zu wissen, dass das ein Kugelschreiber ist, oder zu denken, dass ich es nicht weiß. Wenn sie mir diese Frage stellt, heißt das, dass es einen Haken geben muss!« Also werden diese Menschen antworten: »Plastik« oder »Was soll ich schreiben?« Und dann frage ich die Kinder: »Und du, hättest du geantwortet ›ein Kugelschreiber‹?« Schelmisches Lächeln: »Nein, natürlich nicht!«

Anhand dieses Beispiels ist es dann einfach, ihnen zu erklären, dass sie wegen dieses Mechanismus des »Zu-viel-Denkens« so viele Schwierigkeiten im Unterricht haben und dass sie deshalb so oft danebenliegen.

Ich bringe den Kindern auch bei, sich in die Lage der Lehrerin zu versetzen. Natürlich kennt sie die Antwort auf die Frage, die sie gestellt hat! Aber sie muss überprüfen, dass die Schüler verstanden und behalten haben, was sie unterrichtet hat. Wie soll sie es sonst überprüfen? Sie hofft, dass der Schüler ihr die Antwort gibt, auf die sie wartet! Deshalb sollte man auf Fragen der Lehrerin genau das antworten, was sie im Unterricht gesagt hat. Nichts anderes will sie wissen. Man muss nicht versuchen, sie zu beeindrucken!

Am Ende fasse ich zusammen: »Du musst ein für alle Mal verstehen, dass ungeachtet des Wortlauts die implizite Anweisung immer lautet ›Wiederhole, was ich dir beigebracht habe‹, selbst wenn der Wortlaut verdreht ist – und manchmal ist er das wirklich!«

Um sie zu trösten und sie auf das vorzubereiten, was als Nächstes kommt, sage ich ihnen: »Weißt du, mental hocheffiziente Erwachsene haben das gleiche Problem, wenn sie in einem Vorstellungsgespräch sitzen. Sie werden nicht im Allgemeinen nach ihren Qualitäten und Leidenschaften gefragt, sondern nur nach denen, die für die zu besetzende Position wichtig sind.«

Seinen Denkprozess erklären können

Einerseits gibt es das Ergebnis und andererseits gibt es den Prozess. Beide sind wichtig. Russische Kinder können dies sicher besser verstehen, denn die russische Sprache sieht zwei Verben für jede Handlung vor, je nachdem, worum es geht: um den Prozess oder um das Ergebnis. Möchte ich zum Beispiel ausdrücken, dass ich dabei bin zu lesen oder dass ich ein Buch beendet habe?

Die Herausforderung für die mental hocheffizienten Kinder ist folgende: »Ich habe die Antwort gefunden, jetzt muss ich nur noch herausfinden, wie ich darauf gekommen bin, und es erklären können!« Ein großer Fehler von mental hocheffizienten Schülern ist, zu glauben, dass es nur auf das Ergebnis ankommt. Hier muss man ihnen ganz klar und deutlich erklären, warum die richtige Antwort nur 50 Prozent dessen ausmacht, was man von ihm erwartet. Den Gedankengang bis dorthin erklären zu können, um zu zeigen, dass man ihn verstanden hat, ist ebenso wichtig. Wieder einmal muss man sich an die Stelle des Lehrers versetzen. Selbst wenn der Lehrer ganz allein denken kann, muss er wissen, wie die Schülerin gedacht hat. Also muss man es ihm erklären. Den älteren Kindern kann man dieses Beispiel geben: »Stell dir vor, du willst den automatischen Start von Videos auf Facebook deaktivieren. Was ist besser? Es zu schaffen, indem du irgendwie rumprobierst, ohne wirklich zu wissen, was du da machst, oder dass du genau weißt und dir gemerkt hast, welchen Weg du gehen musst? Nun, dein Lehrer bittet dich nicht nur darum, den automatischen Start von Videos zu deaktivieren, er will auch, dass du ihm die genauen Schritte nennst, die du machst.«

Mental hocheffiziente Kinder finden es so absurd, jemandem etwas erklären zu müssen, was er bereits weiß, dass man schon sehr stark darauf bestehen muss. »Erkläre einfach alles supergenau und detailliert, so, als wäre dein Lehrer geistig zurückgeblieben.« Das amüsiert die Kinder, und sie verstehen genau was ich meine. Natürlich ist der Lehrer nicht zurückgeblieben, aber in diesem Moment so zu denken, hilft den Kindern nur dabei, die Aufgabe zu erledigen.

Schreiben

Die meisten mental Hocheffizienten tun sich sehr schwer damit, Texte zu schreiben. Und das aus gutem Grund! Das komplexe Denken ist mäandernd, das Schreiben ist linear. Man muss vom Trichter zum Rohr wechseln.

Es gibt zwei einfache Hilfen für diesen Übergang. Das Mindmapping, über das ich später sprechen werde, ist der erste Zwischenschritt. Es erlaubt, Gedanken auf sehr visuelle Weise zu sortieren, was gut zum komplexen Denken passt. Und es ist praktisch der einzige Weg, um nicht vom Thema abzuweichen, denn beim Mindmapping steht das Startthema im Mittelpunkt.

Man kann dann leicht sehen, ob die Äste, die daraus hervorgehen, ausgeglichen sind oder nicht. Das Aussprechen ist der zweite Zwischenfilter, um sein Denken auf eine lineare Bahn zu bringen. Dabei sagt man laut und deutlich auf, was im Text stehen soll und warum, und bleibt dabei mit der Logik und Struktur des Mindmap verbunden. Die Frage lautet: »Wenn ich jemandem, der nichts über dieses Thema weiß, erklären müsste, worum es geht, was würde ich dann sagen?« Dann schreibt man nach und nach, was man mündlich erklärt hat, als würde man sich selbst den Text diktieren. Ein dritter Zwischenschritt könnte sein, dass man sich aufnimmt, während man mündlich erklärt, was im Text steht. Was glauben Sie, wie ich meine Bücher schreibe?

Den Anweisungen genau folgen

Dass man vom Thema abschweift, kommt manchmal daher, dass man die Anweisungen zu schnell gelesen hat. Das ist die große »Spezialität« dieser blitzschnellen Kinder. Sie müssen lernen, den Anweisungen penibel genau zu folgen. Um ihnen dabei zu helfen, erzähle ich ihnen diese Anekdote: Es gibt einen sehr heiklen Einstellungstest. Er besteht aus einer Liste mit 30 Fragen und ähnelt einem Allgemeinwissenstest: »Drei europäische Hauptstädte zitieren, kleine Berechnungen machen, Abkürzungen entziffern (NATO, UNO usw.).« Je weiter man kommt, desto schwerer werden die Fragen und irgendwann sind sie nur noch absurd. Nach einer gewissen Zeit geschieht etwas Seltsames in dem Raum, in dem der Test stattfindet. Einige der Kandidaten warten mit verschränkten Armen, dass die Zeit rum ist, während die anderen verzweifelt weiterschreiben. Die Falle des Tests ist, dass die allererste Anweisung lautet: »Lesen Sie sich alle Fragen durch, bevor Sie beginnen.« Die 25. Anweisung/Frage lautet dann: »Beantworten Sie nur die ersten fünf Fragen.« Aus diesem Grund ist es wichtig, nicht wie wild loszurennen. Man muss langsam lesen, sorgfältig, mehrmals und auf Details achten wie »Mache eine Zeichnung«, »unterstreiche« usw. Man muss die Schlüsselwörter finden und die Methodik der Übung respektieren. Von der Matheübung über den Textkommentar bis zur Doktorarbeit: Es gibt für alles eine Vorgehensweise. Und natürlich bezieht sich alles auf den Unterricht der vergangenen Tage oder Wochen.

Aber auch die Lehrer müssten sich manchmal mehr Mühe geben, um die Anweisungen genauer zu verfassen und Antworten als richtig durchgehen zu lassen, auch wenn sie nicht genau das sind, was sie erwartet haben. Mir wird sehr oft von diesen

Unklarheiten berichtet. »Ziehe eine Linie zwischen Punkt A und Punkt B« bedeutet nicht »verbinde Punkt A mit Punkt B«.

Besser punkten können

Konventionell denken

Eine der Aufgaben der Schule ist es, Gemeinschaftssinn zu entwickeln. Es geht nicht darum, originell zu sein, sondern im Gegenteil darum, sich an das zu halten, was einem vorgeschlagen wird. Bewahre dir die ganze Kreativität und Originalität für dein Privatleben. Mach in der Schule das, was man von dir verlangt, nicht mehr und nicht weniger. Die Regeln der Schule sind: eine Übung zu beenden, bevor man mit der nächsten beginnt, und alle Übungen zu machen, und zwar in der vorgegebenen Reihenfolge.

Keine Innovationsversuche

Wenn du ein Puzzle machst, sind alle Teile bereits in der Schachtel. Es reicht, sie einfach zusammenhängend hinzulegen. Der Lehrer bittet dich nicht darum, neue Puzzleteile zu erfinden. So geht es auch bei einer Prüfung nur darum, mit dem, was vorhanden ist, zu punkten und nichts Neues zu erfinden. Wenn du unbedingt kreativ sein willst, kannst du einen Patchwork-Teppich machen, aber behalte immer das Ganze im Blick.

Die Lehrer nicht verärgern

Versetze dich noch einmal in die Lage der Lehrer. Einen verschmierten, unordentlichen und unleserlich geschriebenen Text zu korrigieren ist ermüdend und nervtötend. Selbst unbewusst kann deine Lehrerin dir dafür Punkte in der Bewertung abziehen. Streng dich an, schön und ordentlich zu schreiben, schon aus Respekt demjenigen gegenüber, der deinen Text lesen wird. Bunte Farben oder türkise Tinten sind sehr hübsch, aber schwer zu lesen. Benutze diese doch dafür, deinen Freunden zu schreiben. In der Schule verwendest du am besten weißes Papier und eine dunkle Tinte, der Kontrast lässt die Augen nicht unnötig ermüden. Wie wir alle hat auch jeder Lehrer seine kleinen Macken. Versuche, dich an die Vorgaben zu halten, auch wenn du sie nicht verstehst. Er besteht darauf, dass du bei Tests deinen Namen in die linke obere Ecke des Blattes schreibst? Tu es, es kostet dich nichts, und er wird schon seine Gründe haben.

Der mental hocheffiziente Schüler hat keinen besonders ausgeprägten Sinn für die Schule. Aber er kann diese Fähigkeit entwickeln, wenn er auf ein paar seiner Eigenheiten verzichtet und bereit ist, sich neue anzueignen, aber nur unter der Bedingung, dass das Implizite explizit wird.

Wenn diese Kinder nicht mehr die Form entziffern müssen, können sie sich endlich auf den Inhalt konzentrieren.

Was heißt arbeiten?

Mehrere Jahre lang habe ich einen Workshop für Oberstufenschüler geleitet mit dem Titel »Stressmanagement und Selbstorganisation in Prüfungssituationen«. Auch im Coaching habe ich diese Techniken viel unterrichtet. Insgesamt muss ich dieses Thema bereits mit mehr als 250 Schüler angegangen sein.

Ich beginne den Workshop immer damit, dass ich ihnen sage: »Seit Jahren sagen euch eure Lehrer und Eltern: ›Du musst in der Schule arbeiten. Man kann keine guten Noten haben, wenn man nicht arbeitet. Du arbeitest nicht genug. Du musst mehr arbeiten‹ usw. Nicht wahr?« Die Schüler schauen mich mit schuldigen und entmutigten Gesichtern an. Ich fahre fort: »Aber was bedeutet dieses ›Arbeiten‹ überhaupt?« Ich werde die Eltern jetzt wahrscheinlich überraschen und die Lehrer in Rage bringen, aber jedes Mal, wenn ich diese Frage gestellt habe, konnten mir die Schüler nicht antworten. Für Erwachsene ist es so offensichtlich, was der Begriff »Arbeiten« bedeutet, dass sie sich nicht die Zeit genommen haben, es den Schülern so zu beschreiben, dass diese es übernehmen. (Dasselbe Problem besteht auch beim Konzept des »Zimmeraufräumens«.) Ich kann mir gut vorstellen, dass Schüler, die wissen, was »Arbeiten« bedeutet, nicht zu meinem Workshop kommen mussten. Aber es bleiben doch ziemlich viele übrig, die nicht wissen, was sie tun sollen. Es lohnt sich also, dass Sie überprüfen, ob Ihr Kind weiß, was »Arbeiten« bedeutet.

Mein Workshop beginnt mit den Grundlagen. »Arbeiten« bedeutet:

1. Die Lektion sorgfältig anhand der Notizen, die man sich gemacht hat und anhand des Lehrbuchs oder der Fotokopien, die der Lehrer verteilt hat, wiederholen. Das sollte nicht allzu lange dauern.
2. Die Lektion in Stichpunkten zusammenfassen, um sie sich merken zu können. Sich ein paar Schlüsselwörter, Zahlen oder eine mathematische Formel merken.
3. Die Übungen machen, falls es welche gibt.
4. Möglicherweise ein bisschen recherchieren, um das Thema zu vertiefen.

Das war's. Wenn du die Lektion gelernt und verstanden hast, die Übungen gemacht hast, dann hast du alles erledigt. Die

Schülerinnen und Schüler machen dann ganz große Augen: »Das ist alles?« – »Ja, das ist es! Das ist alles! Was habt ihr euch denn vorgestellt?« An einigen ihrer Gesichter erkenne ich, wie ihre Gehirne, die die Dinge verkomplizieren, aus einer Maus einen Elefanten gemacht haben. Sie sind sehr erleichtert, aber gleichzeitig auch ein wenig enttäuscht, dass nicht mehr von ihnen erwartet wird. Ich nutze diese Gelegenheit, um ihnen zu sagen, dass es sich lohnt, sich während des Unterrichts zu konzentrieren, anstatt zu träumen, denn je aufmerksamer sie im Unterricht sind, desto schneller haben sie die Lektion verstanden und desto mehr Zeit haben sie, um zu Hause etwas anderes zu machen! Wenn man mental hocheffizient ist, kann man sehr schnell mit den Hausaufgaben fertig sein, vorausgesetzt, man ist effizient. Im Unterricht gut zuzuhören, in der Absicht, das Gehörte zu verstehen und zu behalten, ist oft bereits genug. Es wäre doch zu schade, sich selbst dabei im Weg zu stehen ...

Als Nächstes geht es um den Aspekt des »Auswendiglernens«. Ich necke sie: »Hat jemand von euch schon mal einen Spickzettel gemacht?« Sie schauen defensiv und sagen nichts. »Na, kommt schon, ihr könnt es mir sagen, es sind keine Lehrer und keine Eltern anwesend.« Nur sehr wenige trauen sich, es zuzugeben. Ich fahre fort: »Habt ihr gemerkt, dass ihr den Spickzettel gar nicht gebraucht habt, weil ihr euch seinen Inhalt gut eingeprägt habt?« Jene, die sich geoutet hatten, geben mir recht: »Ja, das stimmt! Ich musste den Spickzettel gar nicht rausholen, ich wusste genau, was draufsteht!« Fröhlich sage ich ihnen: »Na, also, da habt ihr's! Wie kann man einen Stoff am besten lernen? Indem man sich Notizen macht. Quasi einen Spickzettel, ihn dann aber in der Klausur nicht verwendet.« Ich mache sie darauf aufmerksam, dass betrügen mehr Zeit und Energie frisst als lernen. Dann gebe ich ihnen Tipps, wie sie sich am besten Notizen machen.

Die Notizen bestehen nicht aus ganzen Sätzen, es kommen auch keine konjugierten Verben vor, es sind eher Stichpunkte, die man gedanklich anklickt, um zum Inhalt zu gelangen. Ein guter Notizzettel ist vor allem ein Plan, mit einer Anzahl von Punkten und Unterpunkten, wobei die Unterpunkte die wichtigen sind.

Was wir auswendig lernen, ist das Bild dieses Plans. Deshalb ist es für das visuelle Gedächtnis wichtig, mit Farben zu arbeiten. Für die komplexen Gehirne sind Mindmaps[2] noch effizienter. Es lohnt sich wirklich, sich anzueignen, wie man sie erstellt, denn sie passen sehr gut zum komplexen Denken. Es gibt Tutorials im Internet, die sehr gut sind und auch eine Mindmapping-Software, um auf dem Computer oder Tablet zu zeichnen. Einige meiner Praktikanten machen sich in meinen Seminaren Mindmapping-Notizen auf dem Tablet. Ich bin sehr beeindruckt davon, wie gut sie das können, ihre Karten sind ästhetisch, verspielt, farbenfroh, toll illustriert, und die Synthese, die sie leisten, ist außergewöhnlich groß. Wenn man sich in jedem Fach ein Mindmapping-Blatt pro Lektion erstellt, muss man vor den Prüfungen nur noch die Blätter durchgehen. Wenn man konsequent arbeitet, ist der Lernaufwand insgesamt gering. Das ist weitaus befriedigender, als zu prokrastinieren und dann in Panik zu geraten. Aber dafür muss man gelernt haben, wie man sich organisiert, und wenn die Arbeit getan ist, muss man sich auch entspannen können. Die Eltern sollten also aufhören, den ganzen Tag über vom Arbeiten zu reden ...

---

2 Tony & Barry Buzan, *Das Mind-Map-Buch. Die beste Methode zur Steigerung Ihres geistigen Potenzials*, mvg 2013.

Konzentriert bleiben

Jean-Philippe Lachaux erklärt in seinem Buch *Le Cerveau funambule*[3] auf eine sehr spielerische Art, wie die Aufmerksamkeit funktioniert. Wir leiden alle an einem Aufmerksamkeitsdefizitsyndrom. Neurowissenschaftler erklären, dass wir ständig wachsam sind und überprüfen, ob wir uns in einer sicheren Umgebung befinden. Ohne dass wir es merken, macht unser sensorisches System routinemäßig seine kleine Inspektionstour. Es riecht nicht verbrannt oder nach Wildschwein, die Erde wackelt nicht, Tiere grunzen nicht in unserer Nähe, im Sichtfeld ist auch nichts, was gefährlich werden könnte. Dann ist alles in Ordnung. Wenn die Umgebung stabil und friedlich ist, findet diese automatische Kontrolle statt, ohne dass sie unsere Konzentration stört. Ein Roller fährt durch die Straße? Ich höre ihn, identifiziere ihn als ein vertrautes Geräusch. Wenn er nicht allzu lange unter meinem Fenster steht, stört er mich nicht. Jean-Philippe Lachaux verwendet den Begriff »Mikrokognition«, um diese kleinen Anpassungen zu bezeichnen, die es einem erlauben, die Umgebung zu überwachen und trotzdem konzentriert zu bleiben. Im Unterricht ist es komplizierter. Es gibt eine Menge mehr Informationen zu verwalten, zu integrieren und anzupassen. Konzentriert zu bleiben, erfordert eine große Anstrengung, vor allem, wenn Valentin in meinem Blickfeld herumalbert. Aber unser modernes Leben bringt uns Ablenkungen, die noch schwerer zu ignorieren sind. Zum Beispiel das Geräusch einer eingehenden E-Mail. Ich kann meine E-Mails nicht mit einem einfachen schnellen Blick überprüfen, wie ich es tue, wenn eine

[3] Jean-Philippe Lachaux, *Le Cerveau funambule: comprendre et apprivoiser son attention grâce aux neurosciences,* Éditions Odile Jacob 2015.

Fliege vorbeifliegt. Um herauszufinden, worum es geht (wichtig oder nicht, ernst oder nicht, dringend oder nicht), muss ich in den Inhalt eintauchen. Und das unterbricht mich in dem, was ich eigentlich gemacht habe. Um gut arbeiten zu können, sollte man am besten alle Signaltöne ausstellen und nicht mit seinen Freunden chatten. Wenn Ihr Teenager darüber frustriert ist, machen Sie ihm deutlich, dass er konzentrierter und daher effizienter sein wird, dadurch schneller fertig ist und mehr Freizeit hat. Wenn er einwendet, dass sein komplexes Gehirn mehrere Dinge gleichzeitig tun kann, raten Sie ihm, während der Arbeit Musik zu hören. Selbst wenn sie rhythmisch und anregend ist, unterbricht die Musik einen nicht wie ein Chat, und sie kann tatsächlich wie Ritalin wirken.

Eine weitere Quelle der Unkonzentriertheit sind laut Jean-Philippe Lachaux die »Ich muss unbedingt«-Ideen wie: »Ich muss unbedingt Coralie anrufen!«, »Ah, verdammt, ich habe die Versicherung noch nicht bezahlt, das muss ich jetzt aber machen!«, »Jetzt hätte ich gerne eine heiße Schokolade.« Wie die Spams in unserer Mailbox lenken uns diese parasitären Gedanken von der Aufgabe ab, an der wir gerade sitzen. Unter diese Gedanken mischen sich auch regelmäßig Ideen, nun etwas anderes zu machen: »Ich habe genug gelesen. Warum mache ich jetzt nicht einen Spaziergang?« Wir müssen uns also in regelmäßigen Abschnitten immer wieder neu entscheiden, ob wir mit dem fortfahren, was wir gerade tun, oder ob wir etwas anderes machen. Konzentriert zu bleiben ist eine Wahl, die ständig bekräftigt werden muss. Um diese Schwierigkeit zu meistern, habe ich einige Tipps:

- Die Ideen, was man alles unbedingt noch machen muss, notieren, sobald sie einem durch den Kopf schießen, um sich von ihnen zu befreien. Sonst drehen sie Schleifen in unseren Köpfen und werden immer eindringlicher. Es lebe die To-do-Liste!

- Die Aufgaben, die zu erledigen sind, in durchschnittlich zehnminütige und maximal 30-minütige Unteraufgaben unterteilen. Kurze Aufgaben machen es einfacher, sich dafür zu entscheiden weiterzumachen, bis man fertig ist.
- Eine Aufgabe beenden, bevor die nächste begonnen wird. Das regelmäßige Gefühl, etwas abgeschlossen zu haben, ist wirklich befriedigend.
- Immer mit dem beginnen, was man am wenigsten gern tut. Dann fühlt man sich vom Schlimmsten befreit.
- Das Smartphone zeigt nur dann an, wie spät es ist, wenn man es einschaltet. Es ist besser, eine normale Uhr in seinem Blickfeld zu haben, um die Zeit zu verwalten.

Mnemotechnik

Mental hocheffiziente Kinder beherrschen den Prozess des Auswendiglernens nicht. Sie tun sich schwer damit, etwas auswendig zu lernen. Da ihr Gedächtnis vor allem assoziativ funktioniert, ist der beste Weg, sich etwas zu merken, es mit anderem Wissen zu verbinden. Humor eignet sich erstaunlich gut dazu. Bilder, Metaphern und Kinderreime funktionieren auch gut. Alles, was Ihrem Kind helfen kann, Verbindungen herzustellen, um sich zu erinnern, ist willkommen. Sie können es auch fragen: »Was könntest du tun, um sicherzustellen, dass du dich daran erinnern wirst?«

Während des Workshops mit den Schweizer Kindern hatte ich keine Zeit, ihnen all diese kleinen Tricks mitzugeben. Dennoch hat es ihnen bereits gut getan, zu verstehen, wie ihr Gehirn funktioniert und welche Unterschiede zwischen ihnen und anderen Kindern bestehen. Sie fühlten sich anschließend im Klassenzimmer besser und ihre Noten wurden besser. Die Tipps und Tricks, die ich in diesem Kapitel beschreibe, richten sich sowohl an Kinder als auch an Jugendliche. Alles, was ich geschrieben habe, lässt sich auch kleinen Kindern gut erklären. Sie können ihnen auch einzelne Absätze vorlesen. Je schneller die Kinder verstehen, wie die Schule funktioniert, desto leichter wird ihre Schullaufbahn. Sie können nicht so leicht entmutigt werden, es wird weniger wahrscheinlich, dass sie versagen oder eine Schulphobie entwickeln. Ich hoffe, dass Sie dieses Buch rechtzeitig lesen.

Kapitel 12
Schulphobie

In letzter Zeit wird immer häufiger von der »Schulphobie« gesprochen. Meiner Meinung nach hat es sie schon immer gegeben, nur dass sie etwa vor 50 Jahren mit Ohrfeigen und Tritten in den Hintern »behandelt« wurde. Im Schulalltag gab es keinen Platz für die Stimmungen und Gefühle der Kinder. Der einzige Ausweg für die geplagten Kinder war das Schulschwänzen, das streng bestraft wurde; oder man ging in die Lehre. Aber dieser Ausweg war leider auch nur illusorisch: Die Bedingungen für Lehrlinge waren anders, aber ebenfalls hart. Die Jugendlichen waren dort Schikanen, Mutproben und Gewalt ausgesetzt. Viele Schüler und Lehrlinge haben Torturen durchlebt, während die Allgemeinheit gleichgültig zugesehen hat. Heute wird den Kindern mehr zugehört, und das ist ein großer Schritt nach vorn. Ich werde zurate gezogen von Lehrmeistern, die wissen wollen, warum sich junge Menschen nicht mehr für ihre Berufe interessieren. Die Dinge sind in Bewegung gekommen. Lehrlinge lassen sich nicht mehr herumschubsen. Sie melden die Beleidigungen und das Mobbing während ihrer Praktika und verlassen die Unternehmen von einem Tag auf den anderen.

Schulphobie ist eine massive, überwältigende und lähmende Angst, die einen allein schon beim Gedanken, in die Schule zu gehen, überfällt. Sie betrifft etwa ein bis zwei Prozent der Kinder im Schulalter und macht etwa fünf Prozent der Ursachen für Besuche beim Kinderpsychiater aus, soweit mir bekannt. Kinder mit Schulphobie weigern sich aus irrational erscheinenden Gründen, zur Schule zu gehen. Sie haben sehr starke Angstzustände und sogar Panikattacken, wenn man versucht, sie zu zwingen. Oft reagiert ihr Körper mit psychosomatischen Symptomen: Bauchschmerzen, Erbrechen, Herzklopfen, Schwindel usw. Es handelt sich dabei weder um eine Laune noch um einen Spleen und erst recht nicht um eine krankhafte Grundstörung. Die Schulphobie entsteht, wenn mehrere problematische Faktoren zusammenkommen, bis das Kind es nicht mehr erträgt und es den Schulbesuch vollkommen verweigert. Das gleiche Phänomen existiert auch in Unternehmen als Folge von Mobbing am Arbeitsplatz. Eines Tages kann sich die gemobbte Person nicht mehr dazu aufraffen, zur Arbeit zu gehen. Der Körper hat eine Überdosis Stress abbekommen und sagt: »Stopp«. Der Kopf kann die betreffende Person nicht mehr dazu bringen, sich an den Ort des Leidens zu bewegen. Das ist ähnlich wie bei einer Schlangen- oder Spinnenphobie. Zu leugnen, das man Angst hat, bringt nichts, schon gar nicht, wenn auf einen eingeredet wird und einem erklärt wird, wie harmlos die Tiere sind. Der Kopf macht dicht und der Körper ergreift die Flucht.

Gerade heute Morgen, als ich mich an dieses Kapitel setzen wollte, schrieb mir eine Facebook-Freundin und erzählte mir, was ihr passiert war: Auf dem Weg zur Arbeit begegnete sie einer Drittklässlerin, die auf der Straße vor ihrer Schule umherirrte. Das Kind war zu spät und hatte solche Angst davor, von der Lehrerin gescholten zu werden, dass es sich nicht traute, das Schulgebäude zu betreten. Meine Freundin hat das Mädchen an die Hand genommen und ist mit ihm zur Schulleiterin gegangen. Sie hat die Schulleiterin darauf hingewiesen, dass die Lehrerin einen unverhältnismäßig hohen Druck auf dieses Kind ausüben muss, damit es in dieser Weise blockiert ist, und wie ungerecht es sei, das Mädchen für die schlechte Planung der Eltern zu bestrafen. Ich hoffe, dass das, was meine Freundin gesagt hat, Folgen haben wird. Ohne ihr Eingreifen wäre das kleine Mädchen kurz davor gewesen, eine große Schulphobie zu entwickeln. Da ihre Eltern nicht pünktlich sein können (da kenne ich einige!), hätte ihr Körper den täglichen Stress, den ihr die Lehrerin machte, über ein ganzes Schuljahr hinweg nicht ertragen können.

Zu einer Schulphobie kann es kommen, wenn

- das Kind keinen Sinn in seinem Tun sieht, alles erscheint ihm absurd,
- zu viel Druck herrscht, den sich das Kind entweder selbst macht oder der von der Lehrkraft und/oder den Eltern stammt,
- das Kind zu viele Schwierigkeiten im Umgang mit Gleichaltrigen hat oder gar gemobbt wird.

Wie geht man also mit Schulphobie um? Indem man wieder Sinn herstellt, indem der Druck abgemildert und das Kind vor Mobbing geschützt wird.

Sinnhaftigkeit wiederherstellen

Das Lernen muss für das mental hocheffiziente Kind einen Sinn ergeben, das haben wir schon besprochen. Wozu dient die Schule? Wie kann man überzeugend auf diese Frage antworten? Überprüfen Sie bei sich selbst, wie konsequent Sie sind in dem, was Sie über die Schule sagen. In meinen Vorträgen für Teenagereltern erzähle ich folgende Geschichte: Stellen Sie sich einen Vater vor, der ein Fußballspiel im Fernsehen kommentiert. »Pfff, dieser Fußball, ein Sport für Schwachmaten! Ja, sie sehen fantastisch aus, wie sie in ihren Shorts und langen Socken dem Ball hinterherlaufen! Und diese Schiedsrichter! Alles korrupte Typen! Man steckt ihnen eine Banknote zu und sie lassen es zum Elfmeter kommen. Und seht euch doch nur diesen Trainer an. Der sieht aus wie ein Mafioso. Pah, was der für Kohle macht mit seinem Spielerhandel.« Und dann dreht sich der Vater zu seinem Sohn und sagt: »Ah, übrigens, ich habe dich im örtlichen Fußballclub angemeldet. Ich will, dass du ein großer Spieler wirst und nach ganz oben kommst!«

Finden Sie nicht, dass hier ein eklatanter Widerspruch deutlich wird? Wieso sollte der Sohn sich anstrengen, wenn sein Vater sich bei jedem Spiel über die Akteure erhebt? Das ist aber genau das, was wir tun, wenn wir die Schule, die Lehrer und die Lehrpläne kritisieren, während wir von unserem Kind erwarten, dass es gute Noten nach Hause bringt. Manche Eltern erzählen vor ihren Kindern, wie dumm sie früher in der Schule gewesen sind, wie schlecht sie in Mathe waren oder wie sie den Philosophielehrer geärgert haben. Als Erwachsene wäre es angebracht, konsequent zu bleiben, in dem, was wir erzählen:

- Entweder wir sind der Meinung, dass die Schule eine wichtige Brücke in die Zukunft des Kindes schlägt, und hören auf, sie zu verunglimpfen. In welchem Zustand sie auch sein mag: Sie verdient Anerkennung dafür, dass es sie gibt. Wir helfen dem Kind, über diese Brücke zu schreiten.
- Oder wir sehen uns nach anderen Schulen und Schulformen um und nehmen die Ausbildung des Kindes stärker in die eigene Hand.

Was werden Sie Ihrem Kind also über seine Schule oder die Schule im Allgemeinen sagen, um es zu motivieren?

Druck herausnehmen

Für ein Kind, das an einer Schulphobie leidet, ist der Druck, dem es ausgesetzt ist, zu hoch. Stress führt dazu, dass der Körper Cortisol und Adrenalin ausschüttet. Ein Überschuss dieser Hormone kann den Organismus regelrecht vergiften. Irgendwann sagt der Körper »stopp«. In der Transaktionsanalyse (TA) wird angenommen, dass der Stress fünf Antreiber hat, die als innere gebieterische Befehle funktionieren: »Sei perfekt!«, »Sei stark!«, »Beeile dich!«, »Reiß dich zusammen!« (gib dir viel Mühe) und »Mach uns Freude!«[1] Diese fünf Antreiber sind der Kern des übermäßigen Drucks, unter dem das Kind mit Schulphobie leidet. Diese Antreiber müssen entschärft werden. Wir haben bereits über die Themen Perfektion, einfache Anweisungen und Umgang mit Emotionen gesprochen. Nun müssen wir uns noch Sätze wie »Beeil dich!« und »Mach uns Freude!« genauer ansehen.

In der Erziehung ist »Beeil dich!« ein giftiger Satz. Er blockiert die Kinder und hindert sie am Denken. Zählen Sie mal mit, wie oft Sie diesen Satz am Tag sagen, ganz automatisch, ohne dass er gerechtfertigt wäre. Überprüfen Sie, wie oft Ihr Kind daraufhin, statt sich zu beeilen, wie versteinert ist. Der Druck, dass alles schnell, schnell zu gehen hat, ist eine echte Krankheit unserer

[1] Informationen zum positiven und negativen Stress und zu den Antreibern finden Sie in meinem Buch *Je m'organise et je vis sans stress*, Éditions Jouvence 2018.

modernen Welt, und sie ist sowohl absurd als auch ansteckend. Handeln Sie vorausschauend, und räumen Sie Ihrem Kind einen größeren Zeitspielraum ein, um es nicht stressen zu müssen.

»Mach uns Freude!«, sollte auch sofort aus Ihrem Wortschatz verbannt werden, denn das ist Erpressung. »Wenn du mich wirklich liebtest, würdest du gern Knoblauch essen!« heißt ein Kapitel in Paul Watzlawicks *Anleitung zum Unglücklichsein*[2], und es ist tatsächlich einer der Mechanismen, sich wirklich unglücklich zu machen. Wenn Menschen Dinge tun, nur um uns zu gefallen, respektieren sie sich selbst nicht mehr. Ein Kind sollte niemals den Teller aufessen müssen oder so tun, als ginge es ihm gut, um seinen Eltern zu gefallen oder um sie zu beruhigen. Sobald sie sich vom falschen Selbst und von ihrer Neigung zur Überanpassung befreit haben, dürften mental hocheffiziente Kinder nicht mehr so sensibel auf die Aufforderung reagieren, jemandem Freude zu machen. Dennoch sind sie sehr emotional und möchten ihre Lieben glücklich sehen. Mit ihren feinfühligen Antennen und ihrem Einfühlungsvermögen fangen sie ihre Emotionen ein, ihre Stimmungen und ihre Erwartungen, auch wenn sie nicht ausgesprochen werden. Sie können auch sehr gut ihre Sorgen und Enttäuschungen abfangen. Deshalb habe ich in diesem Buch so viel über den Umgang der Erwachsenen mit eigenen Emotionen gesprochen.

Um den Druck weiter abzubauen, entdramatisieren Sie bitte die Schule und die Noten. Ihr Kind ist kein Beste-Noten-Roboter. Finden Sie viele andere Gesprächsthemen, die sie kultivieren.

Es wäre auch wünschenswert, dass die Lehrer aufhörten, sowohl Druck als auch abwertendes oder drohendes Verhalten einzusetzen, um die Schüler zu motivieren. Viele Schüler aus der

---

2 Paul Watzlawick, *Anleitung zum Unglücklichsein,* Piper 2011.

Sekundarstufe haben mir den Wortlaut einiger Lehrer wiedergegeben – es ist beschämend! Ich bin mir sicher, wenn man sie aufnehmen würde, während sie zu ihren Schülern sprechen, wären sie über sich selbst entsetzt. Wie soll man Lust haben, in den Unterricht zu kommen, wenn man sich anhören muss, dass man ein Taugenichts ist und seine Zukunft vermasseln wird?

Die Beziehung Eltern – Lehrer verbessern

Wenn Eltern und Schule nicht eng zusammenarbeiten, ist es nicht möglich, das Problem einer Schulphobie oder eines Mobbingfalls zu lösen. Damit diese Zusammenarbeit klappt, müssen sich alle Beteiligten erwachsen, respektvoll und wohlwollend verhalten.

In den vorangegangenen Kapiteln habe ich Eltern und Schüler wiederholt aufgefordert, sich in die Lage der Lehrkraft zu versetzen. Diesmal möchte ich die Lehrerinnen und Lehrer bitten, sich in die Eltern hineinzuversetzen. Die Lehrerin, von der ich in der Einleitung erzählt habe, hatte eine Offenbarung während eines meiner Vorträge. Sie schrieb mir, dass sie vor meinem Vortrag oft ebenfalls dazu neigte, einigen Eltern mit Vorurteilen zu begegnen. Dann wurde ihr klar, dass diese Eltern einfach nur wollten, dass mit ihrem Kind alles gut klappt, sowohl in der Schule als auch zu Hause, und dass es Eltern gibt, die verstanden haben, wie ihr Kind tickt, die sich aber bei den Lehrkräften kein Gehör verschaffen können. Hier sind also einige Punkte, wie Lehrkräfte Eltern in dieser Zwickmühle besser verstehen können.

Heutzutage, in einer Welt, in der der Erfolg im Leben ganz eng an die Schullaufbahn geknüpft ist, machen ein Scheitern oder Integrationsschwierigkeiten den Eltern große Angst. Für Schüler und Eltern steht viel auf dem Spiel: Es geht um die Zukunft des Kindes. Für die Schule steht nicht so viel auf dem Spiel, ganz gleich wie groß der gute Wille und das Wohlwollen gegenüber den Schülern ist. Eltern, die das Gefühl haben, dass ihr Kind in der Schule leidet, sind sehr gestresst. Ein Elternteil ist biologisch darauf programmiert, sein Kind zu beschützen – vor allem eine Mutter (wir sind Säugetiere). Kein Tier könnte zusehen, wie sein Kleines bedrängt wird, ohne zu reagieren. Und es könnte in dieser Notsituation nicht höflich und nett fragen, ob man damit mal aufhören könne, das Kleine zu quälen. Aber genau das erwarten wir von den Eltern. Wir sagen ihnen: Seid diplomatisch! Natürlich werden bei den Eltern Erinnerungen an eigene Leiden während der Schulzeit getriggert. Aber der meiste Stress entsteht, weil Eltern das Beschützen ihres Kindes an eine Person delegieren müssen, die sich nicht viel daraus macht. Je mehr die Lehrkraft das Problem kleinredet oder leugnet, desto mehr geraten Eltern in Panik.

Dr. Dominique Dupagne spricht in ihrem Buch *La Revanche du rameur*[3] über das »Empowerment« der Kranken dank des Internets. Wenn sie mit einer Krankheit konfrontiert werden, bleiben die Patienten nicht länger untätig. Sie lesen Artikel, erkundigen sich, gehen in Foren, stellen Fragen, teilen Informationen und besprechen die Ergebnisse ihrer Behandlungen. Das Internet ermöglicht einen solchen Austausch von Informationen und Fähigkeiten und es entsteht gleichsam so etwas wie eine kollektive Intelligenz. Dominique Dupagne sagt, dass ein in dieser Weise agierender Patient mehr über die eigene Krankheit weiß als so mancher Spezialist. Beim behandelnden Arzt sorgt das

---

3 Dominique Dupagne, *La Revanche du rameur*, Michel Lafon 2012.

für eine Menge Ärger und beim Patienten für Frust. Ich glaube, ähnlich spielt es sich bei den Eltern von mental hocheffizienten Kindern auch ab. Um die Probleme ihres Kindes in den Griff zu bekommen, lesen und informieren sich diese Eltern umfassend. Sie wollen, dass die Informationen zum Allgemeinwohl aller zirkulieren. Wenn sie der Lehrkraft etwa Bücher über alternative Pädagogik schenken, dann meinen sie das nur gut.

Ich bin keine Spezialistin in Sachen Diplomatie. Die Menschen, die mich kennen, schätzen mich vor allem für meine Direktheit und Klarheit. Der Psychologe Bruno Humbeeck gibt in seinem Buch *Aider son enfant à bien vivre l'école*[4] viele Hinweise, wie sich die Zusammenarbeit zwischen Eltern und Lehrern am besten gestaltet. Er listet auf, was man auf keinen Fall sagen darf: Sätze, die alles kaputtmachen, und Sätze, die reparieren. Vor allem müssen Eltern es unbedingt vermeiden, den Lehrern ihren Beruf zu erklären, und die Lehrer dürfen über die familiäre Situation nicht vorschnell ein Urteil fällen. Aber es muss auch jeder die eigenen Empfindlichkeiten zurückstellen und sich daran erinnern, dass es um ein Kind geht, das bei dem Gedanken, in den Unterricht gehen zu müssen, Bauchschmerzen bekommt.

[4] Bruno Humbeeck, *Aider son enfant à bien vivre l'école*, op. cit.

Kapitel 13
Mobbing in der Schule

Über Mobbing müsste man ein ganzes Buch schreiben. Das Problem muss man unentwegt thematisieren, bis sich etwas ändert. Aber man sollte auch objektiv darüber sprechen und nicht weiterhin all die unerträglichen Klischees verbreiten, die es zum Thema gibt. Lassen Sie uns also gemeinsam Bilanz ziehen.

Mobbing kommt in allen gesellschaftlichen Bereichen vor. Es beginnt in der Grundschule und setzt sich fort bis zur Universität oder zur Bundeswehr (Schikane usw.). Es kommt intensiv in Unternehmen vor, in Familien und sogar in Altersheimen. Meist wird darüber gleichgültig hinweggesehen.

Da Mobbing bereits in der Grundschule beginnt, muss sich die Gesellschaft dort die größte Mühe geben, das Problem an der Wurzel zu bekämpfen, und den Kindern eine gesunde, effiziente und friedliche Kommunikation beibringen.

Oft geschieht aber noch genau das Gegenteil: Das Opfer wird stigmatisiert. Es soll sich schämen, dass es so zerbrechlich ist! Die Person, von der das Mobbing ausgeht, fühlt sich unterdessen allmächtig und ermutigt, da sie nicht bestraft wird. Die Gruppe der Zuschauer in der Klasse lernt, dass passives Zuschauen okay ist. Eltern geben ihren Kindern zweideutige und widersprüchliche Botschaften zu einer Form der Gewalt, die, so kommt es rüber, sie manchmal gerechtfertigt finden, und banalisieren sie oft durch ihr eigenes Verhalten. Die Lehrer zeigen durch ihr Wegsehen oder ihre Ohnmacht, dass Gesetze nicht dazu da sind, respektiert zu werden, und dass man sich nicht darauf verlassen kann, dass sie einem Staatsdiener helfen.

Die Suizidrate bei gemobbten Teenagern steigt an. Die Schulphobie nimmt ebenfalls zu. Wird man das Problem weiterhin leugnen? Es sind die Erwachsenen, die sich um das Thema Mobbing kümmern müssen – und zwar alle Erwachsenen: Eltern, Lehrer, Schulrektorinnen, Inspektoren und Bildungsministerinnen. Denn was da geschieht, sind nicht einfach nur »Kindergeschichten«, die die Kinder am besten untereinander ausmachen. Und es braucht gar nicht viel, um dem Unwesen Einhalt zu gebieten.

Die Schule ist verantwortlich, trägt aber keine Schuld

Im Großen und Ganzen ist die Schule für den emotionalen Zustand der Schüler innerhalb ihrer Mauern verantwortlich. Es ist nicht akzeptabel, dass ein Schüler jeden Morgen angsterfüllt in die Schule geht. Gleichzeitig ist das Schulleben kein langer, ruhiger Fluss und auch kein Vergnügungspark. Es ist normal, dass es Höhen und Tiefen gibt, dass jeder gute und schlechte Tage hat. Aber die Schule muss sicherstellen, dass die Emotionen der Schülerinnen und Schüler in vernünftigen Bahnen fließen, dass sie nicht zu ausgelebten Gemütszuständen werden und dass ein Kind, falls ihm nicht sofort zugehört und geholfen wird, darüber nicht völlig verzweifelt.

Mobbing unter Schülern findet hauptsächlich in den Schulräumen statt, auch wenn es sich vor das Schultor oder ins Internet verlagern kann. Das Problem kann also in der Schule gelöst werden, und dort kann es nur vonseiten der Schule gelöst werden. Wenn die Schule leugnet, dass Mobbing stattfindet, wird es nie eine Lösung geben. Es ist dringend notwendig, dass die Lehrer und die Schulleitung die volle und uneingeschränkte Verantwortung übernehmen. Aber um das tun zu können, muss das Schulpersonal geschult und ausgestattet sein. Mit Mobbing umzugehen ist viel einfacher, als man denkt, man muss nur insgesamt verstehen, wie der Mobbingmechanismus funktioniert, und ein paar gut ausgewählte Instrumente parat haben.

Es gibt noch viel zu tun. Wenn Lehrer, die selbst von ihren Schülern gemobbt, bedroht oder angegriffen werden, sich nicht trauen, es den eigenen Vorgesetzten zu melden, wie soll man sie da bitten, sich um das Mobbing unter Schülern zu kümmern und es unterbinden?

Wenn man ein Feuer löschen will, zielt man auf den Fuß der Flammen. Die Kinder müssen ab der Grundschule lernen, sich gegenseitig zuzuhören und sich zu respektieren. Wenn alle in der Grundschule die gültigen Verhaltensregeln, die für eine funktionierende Gesellschaft notwendig sind, lernen, wird die weiterführende Schule ein sichererer und angenehmerer Ort. Also, fangen wir an?

Der einsame Mobber

Das ist die Geschichte eines Angestellten, der von seinem Chef gerügt wurde. Er kommt wütend nach Hause und schreit bei der erstbesten Gelegenheit seine Frau an. Diese verpasst frustriert dem Sohn einen Klaps, und der tritt daraufhin den Hund. So lässt jeder seinen Frust an jemandem aus, der schwächer ist. Es wäre schön, wenn die Moral der Geschichte wäre, dass der Hund den Chef beißt, aber das passiert selten. Jemanden zu mobben oder anzugreifen ist eine einfache Möglichkeit, den eigenen Frust rauszulassen. Sobald das aber verboten wird, ändern die Menschen ihr Verhalten und finden andere, positivere Strategien, mit Ärger umzugehen.

Ich erzähle Ihnen nun zwei Beispiele für Mobbing an der Schule, und das erste stammt sogar aus meinem Leben. Als ich in der dritten Klasse war, begann ich aus unerfindlichen Gründen, mich über eine meiner Klassenkameradinnen lustig zu machen und sie herabzusetzen. Sie kam nie mit in die Schulmensa und blieb auch nicht zum Hausaufgabenmachen in der Schule. Ihre Mutter stand morgens, mittags und abends am Schultor, um sie zu bringen und wieder abzuholen. Um vier Uhr nachmittags wartete sie dort mit etwas Süßem auf ihre Tochter. Ich machte mich über so viel Zärtlichkeit lustig, nannte das Mädchen »Baby« und »Herzchen«. Nach kurzer Zeit sagte mir meine Klassenkameradin, dass ihre Mutter mit mir sprechen wolle. Da ich mir nicht bewusst war, dass ich das Mädchen gemobbt hatte, ging ich ahnungslos zum Tor, um mit der Mutter zu sprechen. Sie schimpfte mit mir, ruhig, aber bestimmt. Wenn ich nicht aufhören würde, ihre Tochter zu belästigen, würde sie mit meinen Eltern und der Lehrerin sprechen. Ich bekam Angst und habe mich nie wieder über das Mädchen lustig gemacht. Als ich diesen Mechanismus, meinen eigenen Frust rauszulassen, ausgebremst hatte, wurde mir bewusst, dass ich auf dieses verhätschelte Mädchen eifersüchtig war. Ich aß in der Mensa, blieb den ganzen Tag über in der Schule. Meine Mutter kam mich nie abholen und ich bekam nie leckere Süßigkeiten am Nachmittag. Ich hatte die Situation meiner Klassenkameradin richtig eingeschätzt: Ihre Mutter war so perfekt, wie ich sie mir vorgestellt hatte. Sie hat ihr Kind sogar wirksam vor Belästigungen beschützt.

Das zweite Beispiel ist viel dramatischer. Einer meiner Klienten hat es mir erzählt und sich dabei sehr geschämt und schuldig gefühlt. Als er ein kleiner Junge war, ungefähr sieben Jahre alt, fing er an, auf einem Kind aus seiner Schule herumzuhacken. Dieses Kind galt als ein wenig zurückgeblieben und war sehr einsam. Sobald das Kind das Schulgelände verließ, um sich auf den Nachhauseweg zu machen, begann mein Klient, es zu schubsen, dann schlug er es auf den Kopf. Er tat es immer öfter und dann immer fester. Es war wie ein Zwang geworden. Und eines Tages schlug er den Jungen mit einem Stock und das Kind fiel bewusstlos zu Boden. In Panik rannte der Peiniger feige davon, es gab keine Zeugen. Das gepeinigte Kind kam nie wieder zurück in die Schule. Mein Klient wusste nicht, was aus ihm geworden war. So wurde er vom Peiniger zum Gepeinigten und saß im Alter von 40 Jahren in meiner Praxis und trug noch immer diese schwere Last. Aber wo waren denn damals die Erwachsenen, um das Opfer zu beschützen? Wo waren die Erwachsenen, um dem Peiniger zu sagen, dass sein Verhalten inakzeptabel war? Die Chance, die ich bekommen hatte, hatte er nicht. Er war im Alter von sieben Jahren auf sich allein gestellt. Wie hätte er in diesem Alter seine Dämonen allein bezwingen können?

Diese beiden Beispiele zeigen, dass es nicht stimmt, dass Belästigungen schlimmer werden, wenn Erwachsene sich einmischen. Das Gegenteil ist der Fall: Wenn Erwachsene wegsehen, kann es sehr gefährlich werden.

Mobbing als Gruppenphänomen

In allen Menschengruppen gibt es die Dominanten und die Dominierten, genau wie in anderen Gruppen von Säugetieren

(Ratten, Schimpansen usw.). Auch wenn wir Menschen denken, wir wären zivilisiert, bleibt die Art, wie sie in Gruppen funktionieren, sehr archaisch. Die zwischenmenschlichen Beziehungen basieren im Wesentlichen auf Dominanz und Machtspielen, wie bei unseren nächsten Verwandten, den Menschenaffen.[1] Ohne Erziehung bleiben wir Schimpansen.

Als Gruppenphänomen erklärt sich Mobbing durch einen Mangel an Aufsicht und Betreuung. Eine Gruppe ohne Führung reguliert sich selbst, indem sie einen Sündenbock ausmacht, der auch »negativer Integrator« genannt wird. Die gemobbte Person dient als Blitzableiter, um die Spannungen, die in der Gruppe entstehen, abzuleiten. Genau dieser Mechanismus stellt sich auch in Unternehmen ein: Wenn der Abteilungsleiter seine Aufsichtsfunktion nicht wahrnimmt, wird die Gruppe ihren Groll ableiten, indem sie einen Kollegen schikaniert. Sobald der Chef wieder seine Rolle einnimmt, lassen die Spannungen nach. In einer gesunden Gruppe, die positiv geführt wird, kommen keine Belästigungen vor. Schlechtes Verhalten wird sofort von der Gruppe selbst sanktioniert. Der Chef muss eine schützende und vereinigende Rolle spielen. Im Schulrahmen hat die Lehrerin oder die Schulleiterin diese Position als Gruppenchefin inne. Füllt sie ihre Rolle gut aus, werden jene, die sonst die Dominanten werden würden, entgegenkommend und beschützend. Eine Lehrerin muss dennoch wissen, wie sie die Spannungen in ihrer Klasse reguliert. Darauf kommen wir später.

---

1 Genaueres dazu schreibe ich in dem Kapitel »Die Gesellschaft und ihre Individuen verstehen« in meinem Buch *Je pense mieux*, Guy Trédaniel Éditeur 2015.

Cybermobbing

Cybermobbing existiert, seit es die sozialen Netzwerke gibt. Mittlerweile anerkennt man auch endlich, was für eine vernichtende Kraft es hat. In vielen Fällen ist Cybermobbing die Fortführung von in der Realität (der Schule) begonnenem Mobbing im virtuellen Raum, durch Leute, die man kennt. In diesem Fall dient es als Resonanzboden: Die Auswirkungen des Schulmobbings haben sich vervielfacht. Manchmal ist es genau umgekehrt: Auch durch virtuelle Begegnungen kann Mobbing entstehen. Teenager geben allzu leicht ihren Namen, ihre Schule oder die Stadt, in der sie wohnen, preis. Aus Cybermobbing kann sich dann sogar eine konkretere Belästigung im realen Leben entwickeln, das kommt allerdings eher selten vor.

Es hat keinen Sinn, die sozialen Netzwerke zu dämonisieren oder sie Ihrem Teenagerkind zu verbieten. Hinter Ihrem Rücken kann es sich mit drei Klicks einen Account mit einem Spitznamen einrichten, und Sie bekommen davon nichts mit. Dann können Sie jedoch nicht mehr mit ihm darüber sprechen. Daher ist es besser, pädagogisch wertvoll vorzugehen. Soziale Netzwerke sind großartig, wenn man weiß, wie man sie nutzt und wie man sich schützen kann. Sprechen Sie mit Ihrem Kind darüber und bleiben Sie im Dialog.

Nun folgen einige Grundregeln, um nicht in potenzielle Fallen zu tappen. Sie können Ihrem Kind erklären, dass

- es illusorisch ist, zu hoffen, dass bestimmte Informationen im Netz anonym oder vertraulich bleiben. Wenn man etwas postet, ist es, als würde man es auf dem Marktplatz verkünden. Außerdem vergisst das Netz nicht, man kann zehn Jahre später mit den längst vergessen geglaubten Infos konfrontiert werden. Das sollte immer im Hinterkopfbehalten werden, wenn man etwas postest. Dasselbe gilt für Fotos.

- das Schrecklichste, was man in sozialen Netzwerken erleben kann, der *Revenge Porn* (Racheporno) ist, wenn die oder der Ex ein sehr privates Filmchen oder Nacktbilder der/des anderen online stellt. Personen, denen so etwas passiert ist, waren am Boden zerstört. Am einfachsten ist es, sich zu weigern, in einer intimen Situation fotografiert oder gefilmt zu werden. Man muss das nicht machen, um seine Liebe zu beweisen. Wenn der andere darauf besteht, ist das verdächtig. Wenn man reingelegt wurde und man sich Sorgen macht, dass die Lieben es entdecken, dann sollte man sie besser warnen, dass solche Fotos möglicherweise online gestellt werden. Dann wird die Scham die Seiten wechseln. So hat die Sängerin Sia einem Gesangslehrer den Wind aus den Segeln genommen. Er wollte mehrere Nacktfotos von ihr zum Verkauf anbieten. Also ist sie ihm zuvorgekommen und hat selbst ein Nacktbild von sich veröffentlicht mit der Bildunterschrift: »Anscheinend versucht jemand gerade, Nacktbilder von mir an meine Fans zu verkaufen. Behaltet euer Geld, hier könnt ihr es kostenlos haben.« Ihre Fans waren begeistert von ihrem Mut und von dem Foto. Der Erpresser wurde der Lächerlichkeit preisgegeben und ausgeschaltet.
- die sozialen Netzwerke erkannt haben, dass Cybermobbing wirklich gefährlich ist. Sie haben Tools eingerichtet, wo man Verdächtiges melden kann. Man sollte hier nicht lange zögern, bevor man etwas meldet.
- wenn man das Gefühl hat, dass in den eigenen Netzwerken etwas aus dem Ruder läuft, sollte man Beweise sammeln und uns Bescheid geben. Man braucht immer Hilfe, wenn man von Mobbing betroffen ist.

Das sollte für den Anfang reichen. Ansonsten: Hören Sie genau hin und bleiben Sie im Dialog. Und informieren Sie sich![2] Um die Kinder wirksam vor den Gefahren des Internets zu schützen, müssen Erwachsene immer gut informiert sein. Es gibt viele Idioten und Sadisten im Netz. Eine der letzten großen Gefahren war die »Blauwal Challenge«, ein Selbstmordspiel. Es schwappte im Jahr 2016 aus Russland zu uns über und ist wahrscheinlich der Grund für mehrere »Unfälle« und Suizide unter Jugendlichen. Sprechen Sie mit Ihrem Kind über solche Phänomene.

Was man auf keinen Fall tun sollte

Da viele verhängnisvolle Ratschläge in Umlauf sind, die die Situation verschlimmern, möchte ich zunächst aufzählen, was man auf keinen Fall tun sollte, bevor wir uns anschauen, was sich als guter Rat etabliert hat.

Kinder unbeaufsichtigt lassen

Kinder sind nicht von Natur aus gut. Eine unbeaufsichtigte Gruppe von Kindern kann gefährlich werden. Wenn Sie daran zweifeln, lesen Sie *Der Krieg der Knöpfe*[3] von Louis Pergaud oder *Liebessabotage*[4] von Amélie Nothomb. Früher gab es Aufpasser, die den Pausenhof und die Studienräume überwachten. In Frankreich waren dies meist Lehramtsstudenten, die sich einen kleinen Obolus verdienten, bei deutschen Grundschulen

---

2 www.polizei-beratung.de/themen-und-tipps/gefahren-im-internet/cybermobbing/

3 Louis Pergaud, *Der Krieg der Knöpfe*, Rowohlt 2011.

4 Amélie Nothomb, *Liebessabotage*, Diogenes 2001.

übernahmen zum Teil Mütter diese Rolle. Heute bezahlen wir Einsparungen in diesem Bereich sehr teuer. Niemand scheint sich mehr Gedanken um den Schutz der Kinder zu machen; die Eltern bringen ihnen nicht mehr die Regeln der Höflichkeit bei, die Lehrer lehren nichts mehr über Ethik und Moral. Höflichkeit und Disziplin sind aber keine spontanen Reflexe.

Denken, dass sich die Dinge von selbst regeln

Weil sie nicht wissen, was sie tun sollen, neigen Erwachsene dazu, den Kopf in den Sand zu stecken und abzuwarten, bis sich das Unwetter verzogen hat. Beim Mobbing kann es mit der Zeit jedoch nur schlimmer werden. Um Mobbing zu bekämpfen, müssten Eltern und Schule ganz eng zusammenarbeiten, mit einer Stimme sprechen und am selben Strang ziehen. Solange das nicht funktioniert, wird es leider weiterhin Suizide unter Teenagern und sogar unter noch jüngeren Kindern geben. Damit kann sich niemand zufriedengeben.

Relativieren

Oftmals reagieren Schulen so defensiv, als wollten sie leugnen, was ganz offensichtlich passiert. Die folgenden Reaktionen behaupten, die Dinge ins rechte Licht zu rücken, aber sie sind nur dazu geeignet, die Eltern eines gemobbten Kindes auf die Palme zu bringen:

- In unserer Einrichtung gibt es keine Fälle von Mobbing.
- Das sind nur Scherze unter Kindern. Ihr Kind hat keinen Sinn für Humor.
- Das ist kein Mobbing, Ihr Kind kann sich bloß nicht richtig integrieren.

- Ihr Kind ist nicht einfach: Es fordert das ja geradezu heraus, abgelehnt zu werden.
- Ihr Kind muss lernen, sich zu verteidigen.
- Usw.

Jedes Elternteil kann die Liste ergänzen, mit den Relativierungen, die es zu hören bekommen hat. Den Lehrern ist nicht klar, wie sehr sie dadurch Salz in die offenen Wunden des gemobbten Kindes streuen und Öl ins Panikfeuer der Eltern gießen. Wenn die Schule, die die alleinige Handlungsvollmacht hat, das Problem leugnet, dann gibt es keine Lösung. Leugnen macht alles nur noch schlimmer. Der Aggressor suhlt sich in seiner Allmacht, der Angegriffene versinkt in Verzweiflung. Die Schule, die jeden Skandal zu vermeiden sucht, riskiert eine Beschwerde und ernsthafte Schwierigkeiten, wenn ein gemobbtes Kind sich das Leben nimmt. Kein Erwachsener sollte sich um seinen Teil der Verantwortung drücken.

Eine Untersuchung durchführen

Wenn die Schule etwas unternimmt, ist dies oft eine Untersuchung des angeblichen Mobbingfalls. Das ist eine schlechte Idee, denn die Dinge werden so ablaufen: Die befragten Kinder bagatellisieren die Fakten, reduzieren ihre eigene Beteiligung, verneinen ihre Verantwortung und klagen das Opfer an. Auch sie sind sehr gut im Leugnen. Dann wird die Schule, stolz und zufrieden mit ihrer Untersuchung, den Eltern ein Feedback geben, das wie die bereits zuvor erwähnten Sätze klingt: »Es gibt kein Mobbing; das ist nur Kinderkram; das Kind hat sich nicht richtig integriert.«

Denken, dass es die Aufgabe des Kindes ist, sich zu verteidigen

Dem Kind zu übertragen, die eigene Mobbinggeschichte selbst zu klären, weil es lernen müsse, sich zu verteidigen, ist das verheerendste und perverseste Klischee. Denn dahinter steckt die Theorie, dass das gemobbte Kind Aggressionen förmlich anzieht. Demnach läge es an ihm, sich selbst neu aufzustellen, um den Sadismus seines Verfolgers nicht weiter anzuheizen.

Es gibt im Netz ein Video, das aufzeigen will, wie sich Mobbing durch das Verhalten des Opfers verschlimmert und welches Verhalten stattdessen die Aggression neutralisieren würde. Seinem Aggressor sagen zu können »Was du von mir denkst, wird mich nicht davon abhalten, glücklich zu sein«, erfordert eine enorme Arbeit an sich selbst und ein Selbstvertrauen, wie es nur sehr wenige Erwachsene aufbringen. Wie soll ein hochsensibles Kind diese Charakterstärke haben? Auch nützt der Tipp, sofort Beschwerde einzulegen, wenn man körperlich angegriffen wird, im Kindesalter nichts.

Eine französische Psychologin gibt den Hinweis, dass ein Kind, das in der Kita von einem anderen Kind gebissen wird, einfach wie ein Tiger brüllen solle. Dann werde sich der kleine Kannibale, vom Brüllen verängstigt, nicht wieder nähern. Und, hopp, das war's! Der Vorschlag will nichts als weiterhin dieses Kräftemessen. Dass man dem kleinen Kind beibringen könnte, dass es nicht beißen soll, darauf scheint die Frau nicht zu kommen.

Dieselbe Psychologin behauptet, dass auf dem Pausenhof bestimmte Codes vorherrschen, die die Erwachsenen nicht verstehen könnten, und dass es die Sache noch schlimmer mache, wenn sich Erwachsene einmischten. Das heißt also, dass sie es gutheißt, wenn der Pausenhof ein Dschungel ist, wo das Gesetz des Stärkeren regiert, dass er geradezu eine Zone der Gesetzlosigkeit ist und der Schutzlosigkeit, in die sich Erwachsene nicht hineinwagen sollten. Ihrer Meinung nach wäre der Pausenhof also kein demokratischer Raum.

Die Vorstellung, ein Opfer wäre an seinem Übergriff schuld, ist so allgegenwärtig, dass man sich nie für die Aggressoren interessiert und den Opfern von vornherein mit Misstrauen begegnet. »Sie wurden vergewaltigt? Was für eine Kleidung haben Sie getragen, die den Vergewaltiger angesprochen hat? Sie wurden von Ihrem Mann geschlagen? Warum bleiben Sie bei ihm? Sie werden bei der Arbeit gemobbt? Wie kommt es, dass Sie sich nicht integrieren können?« Auf einer Konferenz über das Selbstvertrauen beim Kind wurde ich gefragt: »Was ist das Profil des Kindes, das belästigt wurde?« Worauf ich zurückgefragt habe: »Warum fragen Sie mich nicht nach dem Profil des Kindes, von dem die Aggression ausging?«

Es wäre absurd, jemanden zu fragen, wie er es angestellt hat, dass er von einem totalitären Regime gefoltert wurde, nicht wahr? Das Gebot der physischen oder moralischen Integrität des anderen muss wieder unumstritten gelten: Man darf nicht schlagen und nicht beleidigen! Das muss in den Köpfen aller Erwachsenen zur Regel werden, damit wir alle wieder über das Gleiche sprechen. Niemand verdient es, misshandelt zu werden. Im Gegenteil: Jeder von uns ist es wert, gerettet und vor einem Angriff beschützt zu werden.

Ein Kind, das in der Schule gemobbt wird, kann sich gegenüber einer Gruppe, die es isoliert und geschwächt hat, nicht allein verteidigen. Aber ein Kind muss sich nicht allein verteidigen, denn es hat das Anrecht, von den Erwachsenen beschützt zu werden. Wie kommt es, dass viele dieses Prinzip vergessen haben? Kommt es daher, dass sie selbst in ihrer Kindheit nicht beschützt wurden?

Der Versuch, neutral zu bleiben

Beim Mobbing ist es nicht so, dass ein kleiner Spitzfindiger gegen einen Naiven vorgeht. Die ganze Gruppe, sogar die gesamte Gesellschaft, beteiligt sich an der Misshandlung des Opfers. Erinnern Sie sich daran, dass es zur Gruppendynamik gehört, den Sündenbock anzugreifen? Diesen abstoßenden Aktionen schauen die Zuschauer verängstigt und passiv zu mit einem Verhalten, das schon an Selbstgefälligkeit grenzt. Die Manipulatoren werden bereits auf dem Pausenhof gefürchtet und beneidet. Man glaubt, dass es besser ist, auf ihrer Seite zu sein als auf der anderen; ihre Opfer werden verachtet. Sie gelten als schwach und naiv. Beim Schulpersonal genießen die Mobber unter dem Deckmantel der Toleranz eine unglaubliche Nachsicht. Sie gelten als arme verstörte Kinder, die einen Grund haben, ihren Frust an den Schwächeren auszulassen. Seltsamerweise wird dem Opfer nicht mit der gleichen Nachsicht begegnet, wenn es irgendwann selbst ausrastet. Ich möchte betonen, dass nichts es rechtfertigt, dass das Opfer gemobbt wird, auch wenn es selbst nicht zu den Netten gehört und ein Giftzwerg ist. Bei Mobbing gibt es nur zwei Seiten – die des Aggressors und die des Opfers. Das, was nicht verurteilt wird, wird gutgeheißen. Alle, die denken, sie verhielten sich besser neutral, machen sich zu Komplizen des Aggressors.

Und wieder, mitten im Korrekturlesen meines Manuskripts, stoße ich auf eine Nachricht, die genau illustriert, was ich geschrieben habe: Eine Frau wurde von ihrem Mann aus dem Fenster geworfen und ist danach weitgehend gelähmt. Das Gericht befindet, sie sei in Teilen selbst für die Gewalt verantwortlich, die ihr angetan wurde. Dieser Richter ist also der Ansicht, dass es unter Umständen akzeptabel sein kann, jemanden aus dem Fenster zu werfen.

Wie sich eine Gruppe positiv kontrollieren lässt

Es liegt am Lehrer, die Leitung der Klasse zu übernehmen. Eine positiv kontrollierte Gruppe sucht sich keinen negativen Integrator mehr. Wenn die Erwachsenen bestimmte Verhaltensweisen ganz klar und deutlich verbieten, entwickeln die Kinder konstruktive andere Methoden, um etwa mit Frust umzugehen. Man muss ihnen aber zeigen, wie es geht. Führen Sie einen Gesprächskreis ein – das ist einfacher, als Sie denken – und machen Sie die Kinder mit dem »Redestock« bekannt. Das ist eine von afrikanischen und indianischen Kulturen inspirierte Kommunikationsmethode. Der Redestock wird herumgereicht, und wer ihn in der Hand hält, darf sprechen. Die anderen dürfen niemanden unterbrechen, solange er den Stock nicht abgibt. Derjenige, der spricht, kann das nur für sich selbst tun und auf keinen Fall im Namen der anderen. Er spricht zur Mitte des Kreises und nicht zu jemandem im Besonderen. Dabei drückt er aus, was er fühlt und beschuldigt oder verurteilt niemanden. Den Redestock zu ergreifen bedeutet, der Gruppe zu sagen: »Ich habe etwas zu sagen, und ich möchte, dass ihr mir zuhört.« Es ist ein großartiges Werkzeug, um ein Klima der Aufmerksamkeit und des Respekts zu schaffen.

Der Gesprächskreis dient auch dazu, die emotionale Intelligenz der Gruppe wiederzubeleben, denn es ist gerade diese emotionale Intelligenz, die bei einem Mobbingfall beeinträchtigt ist. Die mobbende Person und die Beistehenden versagen sich jegliche Empathie, um nicht unter dem zu leiden, was sie anrichten. Die gemobbte Person verzweifelt und weiß nicht mehr, an welchem Gefühl sie sich festhalten soll, um die eigene Integrität zu behalten. Die emotionale Intelligenz der Gruppe wiederherzustellen bedeutet: die Menschlichkeit der gesamten Gruppe wiederherzustellen.

Alle Lehrer sollten darin geschult werden, einen regelmäßigen Gesprächskreis einberufen zu können, bei dem sie die Führung behalten und die grundlegenden Regeln gesellschaftlichen Zusammenlebens gewährleisten.[5]

Ich träume von einer Welt, in der die Erwachsenen aufhören, sich gegenseitig den schwarzen Peter zuzuschieben und endlich kollektiv die Verantwortung übernehmen, erstens für die Sicherheit der Kinder, zweitens dafür, allen Kindern zivilisierte Verhaltensweisen beizubringen (auch den Kindern der anderen), und drittens abweichendes Verhalten niemals zu dulden.

Universelle Verbote aufrechterhalten

In meinen Workshops zum Thema Selbstbehauptung stelle ich eine Liste vor mit allgemein inakzeptablen Verhaltensweisen. Das soll den Teilnehmenden helfen, sich eindeutig neu zu positionieren. Während eines Workshops sagte mir eine Lehrerin: »Man müsste diese Liste in jedes Klassenzimmer hängen!« Wie recht sie hat! Und warum sollte diese Liste nicht auch im Lehrerzimmer hängen, im Büro des Schulleiters, in den Kinderta-

---

5 Mehr hierzu finden Sie in: Frédéric Lenoir, *Der kleine Philosoph. Wie Kinder denken*, Tropen 2018.

gesstätten, zu Hause und auch im Büro der Richter, die glauben, dass Opfer für das erlittene Leid zum Teil selbst verantwortlich sind? Dann würde die Menschheit endlich neu anfangen können! Falls Sie die Liste an Ihren Kühlschrank hängen möchten, hier ist sie:

Allgemein inakzeptables Verhalten

- *ist es, die eigene oder die physische oder moralische Integrität einer anderen Person zu verletzen: Es wird nicht geschlagen, es wird nicht beleidigt, man wirft keine Menschen aus dem Fenster.*
- *ist es, das Gesetz zu brechen: Wir halten uns an die geltenden Gesetze; das gilt auch im Straßenverkehr.*
- *ist es, grundlegende Sicherheitsregeln nicht einzuhalten (und dadurch sich selbst oder andere zu gefährden): Im Auto schnallt man sich an, man drängelt nicht, wenn man eine Treppe runtergeht …*
- *ist es, sich selbst und andere nicht zu respektieren, die Religiosität anderer nicht zu respektieren: Es wird nicht gespottet, nichts wird entwürdigt oder entweiht. Man zwingt anderen Menschen nicht die eigenen religiösen Vorstellungen auf.*
- *ist es, sich nicht an Hygieneregeln zu halten und damit die eigene Gesundheit (und die anderer) zu gefährden: Jeder muss sich waschen, sich die Hände waschen und auf die eigene und die Gesundheit der anderen achten.*
- *ist es, die Regeln des Zusammenlebens zu missachten: Niemand ist von der Steuerpflicht ausgenommen.*
- *ist es, die Allmachtsfantasien von Menschen anzuheizen, egal, wer es ist: Mama (eine Sekretärin, ein Freund usw.) muss nie zu 100 Prozent verfügbar sein, genauso wenig müssen ihre Wünsche immer alle zu 100 Prozent erfüllt werden.*

Null Toleranz

Die Schulen sind verpflichtet, Pläne zur Mobbingprävention zu erstellen. Das Schulpersonal sollte über alle wichtigen Informationen zum Thema verfügen und verständnisvoll danach vorgehen und handeln können. Es gibt keinen Grund, warum jemand zulassen sollte, dass eine/einer der Schüler oder Schülerinnen in der Schule erniedrigt und schikaniert wird.

Ich habe mehrmals erlebt, dass die Verantwortlichen der Schule ihren Ton ändern, sobald Eltern sie auf diesen Präventionsplan hinweisen.

Ich denke, Eltern sollten so viele Beweise wie möglich sammeln und sich systematisch beschweren. Keine Schule und kein Mobber dürften einfach so davonkommen. Die Mobberkarrieren müssen gänzlich unterbunden werden. In der Grundschule ist noch Zeit, den Kindern beizubringen, sich gut zu benehmen.

Auf wem wird ab der Grundschule rumgehackt?

Nun, da Sie wissen, wie man Mobbingsituationen ein Ende bereitet, und verinnerlicht haben, dass sie stets vollkommen inakzeptabel sind, können wir uns das Profil der Opfer ansehen, ohne das Risiko einzugehen, sie zu stigmatisieren. Nach Angaben der UNICEF wird jeder zehnte Schüler gemobbt. Was denken Sie, wen es trifft? Der Lehrer Jean-Paul Brighelli ist davon überzeugt, dass es immer den guten Schüler trifft. Nach der Kampagne der französischen Regierung gegen Schulmobbing von 2015 schrieb Brighelli: »Dass das arme Kind, das gemobbt wird, rothaarig sei (der alte Fluch der Rothaarigen) oder der

Linkshänder (der alte Fluch der Linkshänder) sind Klischees und Stereotypen. In Wirklichkeit ist es oft das schwache Kind – im letzten Fall, bei dem ich eingreifen musste, war ein krankes Mädchen betroffen –, aber meist ist es einfach ein guter Schüler. Vier Brutalos stellen sich gegen einen ›Streber‹, und eines Tages wird man fragen: Wie konnte jemand zulassen, dass sich ein Hass auf das Wissen und die Intelligenz etabliert hat? Denn meistens ist das die Realität des Mobbings.«

Die guten Schüler werden in der Tat bevorzugt schikaniert, aber es sind nicht nur sie betroffen. Denn die mental Hocheffizienten sind oft nicht gut in der Schule und doch sind sie die primären Opfer. Unter den mental hocheffizienten Klienten, die in meine Praxis kommen, hat die Mehrheit albtraumhafte Erinnerungen an die Schulzeit. Sehr wenige von ihnen haben noch nie Schikane erlebt. Ich frage mich sogar, ob nicht durchweg alle mental hocheffizienten Kinder gemobbt werden, und dass der einzige Unterschied im jeweiligen Ausmaß besteht. Übertrage ich die Erfahrung aus einem anderen Bereich, erscheint mir das wahrscheinlich, schließlich hat man gerade festgestellt, dass 100 Prozent der Frauen im öffentlichen Verkehr schon einmal belästigt wurden.

Warum werden so häufig mental hocheffiziente Kinder zur Zielscheibe? Gewiss, diese Kinder sind nett und lehnen Machtspiele ab. In einer »gesunden« Gruppe sind sie wegen dieser Eigenschaften eher beliebt. Und selbstverständlich sind diese Kinder »anders«. Manchmal sind sie Einzelgänger und verträumt, aber das ist es nicht, was die Aggressoren anzieht. Es ist allein das falsche Selbst mental Hocheffizienter, das die Mobber anzieht, und das Wegsehen der Erwachsenen. Wie bereits in Kapitel 6 dargestellt, bietet die Kluft zwischen dem versteckten wahren Selbst und dem überangepassten falschen Selbst viel Raum für Dominante, dort einzuhaken. Denn dieses falsche

Selbst mit seiner Suche nach Akzeptanz und seiner Angst vor Ablehnung führt zu einem krankhaften Gehorsam. Was für ein Glücksfall für den Aggressor! Ich hoffe, dass in Zukunft alle mental hocheffizienten Kinder, die dazu ermächtigt wurden, sie selbst zu sein, diese Mechanismen der Überanpassung und damit der Unterwerfung nicht mehr entwickeln. Das Ziel ist also: kein falsches Selbstbild mehr bei den Kindern, sondern nur noch ein wahres Ich, zu dem sie stehen, und eine Klasse, die gut im Zaum gehalten wird. Ist das wirklich so schwer zu erreichen?

Anzeichen, die nicht trügen

Wenn ein Kind erzählt, dass es »in der Schule gemobbt wird«, sollte man das niemals verharmlosen. Bringen Sie Ihr Kind dazu, von seinen Problemen zu erzählen, hören Sie genau hin und versuchen Sie nicht, die Schuld für die Schikane bei ihm selbst zu suchen. Üben Sie auch keinen Druck durch »Du musst«-Formulierungen aus. Auch für zu Hause wäre es gut, Gesprächszeiten und -räume einzurichten, in denen sich die Eltern alles über die Emotionen und das Leid ihres Kindes anhören können, ohne es im Erzählfluss zu unterbrechen und ohne, dass die Eltern innerlich zusammenbrechen bei dem, was sie hören. Das ist nicht leicht. Norm-Denker-Eltern sind selten belästigt worden. Sie akzeptieren die Welt, wie sie ist. Deshalb verstehen sie die Größe und Schwere des Problems nicht wirklich. Allein durchs Zuhören werden sie den Bedürfnissen ihres Kindes vielleicht nicht ganz gerecht. Mental hocheffiziente Eltern haben höchstwahrscheinlich selbst während ihrer Schulzeit Schikanen erlebt. Sie haben bittere Erfahrungen gemacht und wollen nicht gern daran erinnert werden. Daher könnten sie entweder das Leid ihres Kindes leugnen oder davon vollkommen überwältigt werden. Wenn Sie keine Stärke zeigen, wird Ihr Kind jedoch versuchen, Sie zu beschützen, und es wird schweigen. So kommt es, dass Eltern dann behaupten, sie hätten nichts gesehen oder gewusst.

Doch selbst wenn Ihr Kind nichts sagt, gibt es ein paar Anzeichen, die Sie aufhorchen lassen sollten. Das Kind hat oft »Bauchschmerzen«, vor allem zu dem Zeitpunkt, wenn es zur Schule aufbrechen muss. Es ist traurig, gestresst oder aggressiv. Es leidet unter Angstzuständen oder Schlaflosigkeit. Es wertet sich selbst ab und sagt Sätze, die typisch für Depressive sind wie etwa: »Wozu lebe ich eigentlich?« Seine Noten haben sich verschlechtert. Es erfindet ganz viele Vermeidungsstrategien: Es will donnerstags nicht mehr den Schulbus nehmen oder dienstags nicht mehr in der Schulmensa essen. Es weigert sich, zum Sportunterricht zu gehen. Es schwänzt die Schule. Solche Vermeidungsstrategien können sich zu einer Schulphobie entwickeln und sogar in einen Suizidversuch münden.

Abschließend möchte ich Ihnen ein sehr gut gemachtes Comicbuch empfehlen, das mir sehr am Herzen liegt, weil es sich des Themas Schulmobbing sehr umfassend annimmt: *Seule à la récré* von Ana und Bloz.[6] Dieses Buch sollte in jeder Schulbibliothek stehen!

Ich hoffe, ich konnte Ihnen in diesem Kapitel viele Informationen und Instrumente an die Hand geben, damit sie mit Schulmobbing gut umgehen und dazu beitragen können, dass es von der Grundschule an tatsächlich im Keim erstickt und für immer ausgerottet wird. Vielen Dank und herzlichen Glückwunsch an alle Lehrerinnen und Lehrer, die einen Gesprächskreis in ihren Klassen einführen.

---

6 Ana, Bloz, *Seule à la récré*, Bamboo Édition 2017.

Schluss

Dass Eltern von mental hocheffizienten Kindern eine wahrhafte Tortur erleben können, ist den meisten Menschen kaum bewusst. Ihr Leiden wird nicht berücksichtigt. Dennoch sind sie jedes Mal, wenn sie Hilfe suchen und erklären müssen, was mit ihrem Kind ist, sehr einsam, verängstigt und werden zusätzlich entmutigt. Dabei würde es schon reichen, wenn ihnen Fachleute wohlwollend und unvoreingenommen zuhörten. Stattdessen stoßen sie auf Vorurteile und Unwissenheit.

Während ich diese Zeilen schreibe, erhalte ich eine E-Mail. Verzweifelte Eltern erzählen mir Folgendes:

> *Diesen Sommer teilte uns eine Lehrerin aus der Berufsschule unseres Sohnes mit, er sei »atypisch« und dass ihm ein Coaching guttun könnte. Sie hat uns von Ihren Büchern erzählt und wir haben Ich denke zu viel und Je pense mieux verschlungen und uns auch ihre Beiträge im Internet angehört. Wir haben verstanden, dass unser Sohn mental hocheffizient oder hochsensibel sein könnte oder Asperger haben könnte. Wir möchten, dass er diagnostiziert wird, damit ihm effektiv geholfen werden kann. Wir sind ebenfalls auf der Suche nach Fachleuten auf dem Gebiet, die in unserer Region ansässig sind, denn die verschiedenen Psychiater, bei denen wir bisher waren, wollten nichts davon hören, als wir sie baten, mal in Richtung Hochsensibilität zu gucken.*

Nach und nach werden Fachkräfte herangebildet, die sich mit den spezifischen Bedürfnissen unserer Kinder auskennen. Es haben sich mittlerweile auch viele Eltern von atypischen Kindern zusammengetan, haben etwa Vereine gegründet, und sie leisten eine bemerkenswerte Informations-, Beratungs- und Forschungsarbeit. Es gibt auch Selbsthilfegruppen (auch in den sozialen Netzwerken), wo Eltern Gehör und Rat finden. Es ist wichtig, sich zusammenzutun, um mehr Aufmerksamkeit und dadurch auch Macht zu erlangen. Zum Schutz der eigenen Kinder sollten mental hocheffiziente Eltern an ihrem individuellen und kollektiven *Empowerment* arbeiten. Das bedeutet auch, sich nicht darum zu kümmern, was andere Menschen über sie oder ihr Kind sagen. Trauen Sie sich, Stellung zu beziehen. Lassen Sie sich nicht von Pädagogen oder Ärzten einschüchtern. Finden Sie andere Eltern, die wie Sie denken, und gründen Sie Selbsthilfegruppen – für Eltern und für Kinder – in ihrer Region.

Ich habe in diesem Buch alle Informationen zusammengestellt, die ich hatte und für nützlich hielt, damit Sie

- Ihrem Kind erlauben können, es selbst zu sein.
- ihm erklären können, wer es ist, und ihm die Schlüssel geben, sich selbst zu verstehen.
- ihm die sichere Umgebung geben können, die es braucht, um sich gehalten und beschützt zu fühlen, um in Sicherheit aufzuwachsen.
- ihm beibringen, mit seinen Gefühlen umzugehen und auf sie zu achten.
- ihm helfen, Respekt vor sich selbst zu haben und sich selbst zu behaupten.
- ihm die Codes der Norm-Denker erklären (soweit Sie diese selbst verstanden haben ...).

Wie Sie sicher schon beim Lesen festgestellt haben, geht es in diesem Buch auch um das innere Kind der Eltern – vor allem, wenn sie selbst ebenfalls mental hocheffizient sind. Nehmen Sie mein Buch doch gern zum Anlass, noch einmal in die eigene Kindheit zurückzugehen, um zu heilen.

Sie können Ihrem Kind am besten helfen, wenn Sie mit gutem Beispiel vorangehen. Durch Sie kann es leichter lernen, den eigenen Gefühlen zu vertrauen und gegen das Mainstreamdenken anzuschwimmen. Statt all seine Energie dafür einzusetzen, sich an eine dysfunktionale Welt anzupassen, kann das Kind dann ausreichend Vertrauen in sich selbst aufbauen, um die Welt von morgen zu schaffen – eine Welt, in der es sich gut fühlen wird.

Bibliografie

Aberkane Idriss, *Libérez votre cerveau,* Robert Laffont 2018

Akoun Audrey et Pailleau Isabelle, *Apprendre autrement avec la pédagogie positive,* Éditions Eyrolles 2015

Alvarez Céline, *Les Lois naturelles de l'enfant,* Éditions Les Arènes 2016

Ana & Bloz, *Seule à la récré,* Bamboo Édition 2017

Bach Richard, *Illusions: Le messie récalcitrant,* J'ai lu 1993

Brighelli Jean-Paul, *La Fabrique du crétin,* Folio 2006

Buzan Tony & Barry, *Das Mind-Map-Buch. Die beste Methode zur Steigerung Ihres geistigen Potenzials,* mvg 2013

Charbonier, Jean-Jacques, *Wenn dein Kind über den Tod sprechen will. Wie wir Kindern Trauer und Abschiednehmen erklären,* ViaNova 2018

Cooper John, *Mon enfant s'entend bien avec les autres,* Marabout 2006

Dacquay Patrick, *Paroles d'un grand-père chaman aux enfants et petits-enfants de la terre,* Guy Trédaniel éditeur 2014

Deneault Alain, *La Médiocratie,* Lux éditions 2016

Dupagne Dominique, *Le Retour des zappeurs,* CreateSpace 2013

Dupagne Dominique, *La Revanche du rameur,* Édition Michel Lafon 2012

Furina Stéphane, *Pire que les élèves,* Pôle Nord éditions 2015

Giordan André et Salte Jérome, *Apprendre à apprendre,* Librio 2007

Gouget Corinne, *Additifs alimentaires: Danger,* Poche 2014

Grandin Temple, *Comprendre les règles tacites des relations sociales,* Éditions De Boeck 2015

Grohan Noémya, *De la rage dans mon cartable,* Hachette 2014

Gueguen Catherine, *Pour une enfance heureuse. Penser l'éducation à la lumière des dernières découvertes sur le cerveau,* Poche 2019

Harari Yuval Noah, *Eine kurze Geschichte der Menschheit,* Pantheon 2015

Hehenkamp Carolina, *Das Indigo-Phänomen: Kinder einer neuen Zeit. Das Geschenk der Indigo-Kinder,* Schirner 2001

Hehenkamp Carolina, *Der Indigo-Ratgeber. Tips und Übungen für einen entspannten Umgang mit Indigo-Kindern,* Schirner 2002

Holliday Liane, *Ich bin Autistin – aber ich zeige es nicht. Leben mit dem Asperger-Syndrom,* Verlag Rad und Soziales 2014

Horiot Hugo, *Der König bin ich,* Hanser Berlin 2015

Horiot Hugo, *Autisme, j'accuse!,* l'Iconoclaste 2018

Humbeeck Bruno, *Aider son enfant à bien vivre l'école,* Éditions Leduc.s 2018

Isaacson Walter, *Steve Jobs. Die autorisierte Biografie des Apple-Gründers,* btb 2012

Jobs Steve, *75 conseils pour réussir,* Les Éditions du Far 2017

Kondo Marie, *Magic Cleaning. Wie richtiges Aufräumen Ihr Leben verändert,* Rowohlt 2013

Kurcinka Mary Sheedy, *Wie anstrengende Kinder zu großartigen Erwachsenen werden. Der Erziehungsratgeber für besonders geforderte Eltern,* mvg 2017

Lachaux Jean-Philippe, *Le cerveau funambule. Comprendre et apprivoiser son attention grâce aux neurosciences,* Éditions Odile Jacob 2015

Landman Patrick, *Tous hyperactifs?,* Éditions Albin Michel 2015

Lefèvre Françoise, *Stummer kleiner Prinz. Die Geschichte meines autistischen Kindes,* Heyne 1993

Lenoir Frédéric, *Der kleine Philosoph. Wie Kinder denken,* Tropen 2018

Loreau Dominique, *L'art de la simplicité,* Poche 2013

Montessori Maria, *Praxishandbuch der Montessori-Methode*, Herder 2010

Neveu Marie-Françoise, *Les Enfants actuels*, Éditions Exergue 2006

Nothomb Amélie, *Eine heitere Wehmut*, Diogenes 2017

Nothomb Amélie, *Liebessabotage*, Diogenes 2001

Nuyts Elisabeth, *L'École des illusionnistes*, Self-Publishing 2000

Nuyts Elisabeth, *Dyslexie, dyscalculie, dysorthographie. Troubles de la mémoire. Prévention et remèdes*, Self-Publishing 2011

Pef, *La Belle Lisse Poire du prince de Motordu*, Gallimard jeunesse 2010

Pergaud Louis, *Der Krieg der Knöpfe*, Rowohlt 2004

Pressfield Steven, *Turning Pro: Tap your inner power and create your life's work*, Black Irish Entertainment 2012

Quercia Patrick, *Traitement proprioceptif et dyslexie*, Graine de lecteur et l'association AF3dys 2008

Schovanec Josef, *Durch den Wind. Savant und Autist. Ein einzigartiges Zeugnis*, sphères 2015

Snel Eline, *Stillsitzen wie ein Frosch. Kinderleichte Meditationen für Groß und Klein*, Goldmann 2013

Steiner Claude, *Le Conte chaud et doux des chauds doudous*, InterÉditions 2018

Tammet Daniel, *Elf ist freundlich und Fünf ist laut. Ein genialer Autist erklärt seine Welt*, Heyne 2008

Tammet Daniel, *Wolkenspringer. Von einem genialen Autisten lernen*, Patmos 2009

Van Eersel Patrice, *La Source noire*, Le livre de Poche 1987

Watzlawick Paul, *Anleitung zum Unglücklichsein*, Piper 2009

Über die Autorin

Christel Petitcollin ist Psychotherapeutin, Kommunikationstrainerin und Coach für zwischenmenschliche Beziehungen. Seit 25 Jahren ist sie Lehrerin und begleitet Eltern, deren Kinder besondere Bedürfnisse haben. Die Autorin von *Ich denke zu viel* (2017) lebt und arbeitet in Montpellier, Frankreich.